El camino espiritual

y la presencia

constante de Cristo

LA GUERRA
DEL
ESPÍRITU

Compilado por Harry Verploegh

CASA
CREACIÓN
Para vivir la Palabra

Para vivir la Palabra

MANTÉNGANSE ALERTA;
PERMANEZCAN FIRMES EN LA FE;
SEAN VALIENTES Y FUERTES.
—1 CORINTIOS 16:13 (NVI)

 Cristo, el hijo eterno por A. W. Tozer
Publicado por Casa Creación
Miami, Florida
www.casacreacion.com
©2022 Derechos reservados

ISBN: 978-1-955682-23-7
E-book ISBN: 978-1-955682-24-4

Desarrollo editorial: *Grupo Nivel Uno, Inc.*
Diseño interior: *Grupo Nivel Uno, Inc.*

Publicado originalmente en inglés bajo el título:
The Warfare Of The Spirit
© 2019 por The Moody Institute of Chicago
820 N. LaSalle Blvd., Chicago, IL 60610.
Translated and printed by permission. All rights reserved.

Impreso en Colombia

22 23 24 25 26 LBS 9 8 7 6 5 4 3 2 1

CONTENIDO

PREFACIO

Los hijos de Ada Pfautz Tozer y Aiden Wilson Tozer agradecemos a Dios por cada uno de ellos. Nuestros padres nos dejaron una rica herencia cristiana, una enseñanza sólida y un sacrificio constante. Aun cuando muchos cristianos continúan apreciando los escritos y sermones de A. W. Tozer a la distancia, nosotros vimos en casa —muy de cerca— cuán sinceramente creían —los dos— las verdades que él predicaba y cuán decididos estaban ambos a practicar la vida del Espíritu.

El consejo y la abnegación de nuestra madre, así como también su tesón, su ayuda y su aliento, fueron esenciales para el desempeño de la labor que papá desarrolló. Él no podría haber vivido como vivió ni trabajado como lo hizo, si ella no hubiera sido paciente, fuerte y si no hubiera estado dispuesta a tomar el timón de la vida de nuestro bullicioso hogar. Su tierna disposición y su radiante sonrisa, su hospitalidad, su amor y su amabilidad hacían que todos los que estaban a su alrededor estuvieran felices en nuestro hogar; además de que nos hacía sentir seguros.

Nuestros padres nos dieron un hogar centrado en Cristo y en la Biblia, con la iglesia como parte muy importante de nuestra vida. En cada cena dominical —después del servicio en la iglesia— nos invitaban a comentar sobre el sermón predicado y, no importa cuán mal hechos fueran nuestros argumentos, los escuchaban y los consideraban con la relevancia que implica la exposición del evangelio.

Por lo general se hablaba sobre las Escrituras, la música, la gran literatura, alguna otra rama del saber o de algo tan simple como el significado de una palabra en el contexto cristiano y general. La conversación era seria, pero siempre llena de humor y bromas ligeras para mantenernos a todos participando. Nuestros padres trabajaban en equipo; nuestra madre estaba pendiente de que todos fuéramos escuchados y de que ninguno resultara herido; él trataba con las insensateces ingenuas de sus supereducados hijos y tomaba en broma cualquier idea "de doble sentido" que manifestaran.

La educación que nos enseñaron ellos no era con presión ni con rígidas reglas, sino con respeto y altas expectativas, con conversaciones sinceras, con amor y —por supuesto— con su ejemplo; mostrándonos siempre las cosas que valen en el presente y cuya importancia trasciende en el mundo venidero.

Agradecemos haber tenido esta oportunidad, con motivo de la publicación de este volumen de la serie de recopilaciones de los sermones de papá. Nos reconocemos públicamente en deuda con Dios por nuestros amados padres.

LOWELL, Forrest, Aiden Jr., Wendell, Raleigh,
Stanley, Rebecca

CAPÍTULO 1

LA GUERRA DEL ESPÍRITU

E xiste una especie de dualismo en nuestro mundo caído que ha explicado la mayoría de las persecuciones que han sufrido los creyentes desde los días de Caín y Abel.

Por otra parte, hay dos espíritus en la tierra, el Espíritu de Dios y el espíritu de Satanás, los cuales mantienen una enemistad eterna. La causa aparente del odio religioso puede ser casi cualquier cosa; sin embargo, la verdadera causa es casi siempre la misma: la antigua animosidad que Satanás —desde el momento de su caída sin gloria— ha sentido hacia Dios y su reino. Satanás arde en llamas con el deseo de tener un dominio ilimitado sobre la familia humana; por lo que siempre que el Espíritu de Dios desafía esa malvada ambición, toma represalias con una furia salvaje.

El mundo odiaba a Jesús sin causa. A pesar de sus fantásticas acusaciones contra él, los contemporáneos de Cristo no encontraron nada en sus doctrinas ni en sus obras que suscitara en ellos una ira tan irrazonable como la que constantemente mostraban hacia su persona. Lo odiaban, no por nada de lo que decía o hacía, sino por lo que era.

Es posible, dentro de las provisiones de la gracia redentora, entrar en un estado de unión con Cristo tan perfecto
que el mundo reaccione instintivamente —hacia nosotros—
en la misma manera en que lo hizo con él en los días de su
encarnación.

Es un gran reproche para nosotros, como creyentes seguidores de Cristo, que incitemos —en los corazones de los innumerables incrédulos— poco más que una simple sensación de
aburrimiento. Nos reciben con una sonrisa de tolerancia o nos
ignoran por completo, pero su silencio es un presagio, una
señal. Bien podría causarnos noches de lágrimas y horas de
autoexamen en oración.

Debemos estar conscientes de que es el Espíritu de Cristo
en nosotros el que atraerá el fuego de Satanás. A la gente del
mundo no le importa mucho lo que creamos y verán escruta-
doramente nuestras formas religiosas, pero hay una cosa que
no nos perdonarán nunca: la presencia del Espíritu de Dios en
nuestros corazones. Es probable que no conozcan la causa de
ese extraño sentimiento de antagonismo que surge dentro de
ellos pero, de todos modos, es algo real y peligroso. Satanás
no dejará nunca de hacerle la guerra al hombre, por lo que
el alma en la que mora el Espíritu de Cristo seguirá siendo el
objetivo de sus ataques.

CAPÍTULO 2

EL TEMA DEL DINERO REQUIERE UN REESTUDIO LLENO DE ORACIÓN

PRIMERA PARTE

E l asunto del dinero y su lugar en la iglesia exige un nuevo estudio en oración a la luz de las Sagradas Escrituras. Toda esa cuestión debe reevaluarse y concertarse con el fin de que se ajuste a las enseñanzas de Cristo.

Si el Nuevo Testamento es, como afirmamos que es, la fuente de todo lo que debemos creer acerca de las cosas espirituales, entonces hay una razón real para interesarnos por las prácticas financieras actuales entre las iglesias evangélicas. Por el momento, no estoy pensando en el uso que el cristiano individual hace de su dinero, sino en el lugar que ocupa el dinero en el pensamiento y las prácticas de las iglesias y sociedades cristianas organizadas.

La verdad cristiana se encuentra no solo en la letra, sino también en el modo y el espíritu del Nuevo Testamento. La vida de nuestro Señor en la tierra fue tan reveladora como lo fueron sus palabras. El modo en que se sentía en cuanto a las cosas, el valor que les daba, sus simpatías, sus antipatías, a veces nos dicen tanto como sus enseñanzas más formales.

Una verdad que podemos aprender tanto de su vida como de su doctrina es que las riquezas terrenales son incapaces de procurar la felicidad humana. Es difícil para una iglesia rica entender que su Señor era un hombre pobre. Si apareciera hoy en las calles de nuestra ciudad como apareció en Jerusalén, con toda probabilidad sería arrestado por vagabundo. Si enseñara aquí lo que enseñó a las multitudes en cuanto al dinero, las iglesias, las conferencias bíblicas y las sociedades misioneras lo incluirían en la lista negra como fanático, revolucionario y peligroso para la religión organizada.

Nuestro Señor, simplemente, no pensaba en el dinero de la forma en que sus seguidores profesos lo hacen en la actualidad; y, más particularmente, no le dio el lugar que le dan nuestros líderes religiosos. Para ellos es necesario; para él no lo era. Él no tenía dónde recostar su cabeza; es más, hemos hecho poesía de su pobreza pero con la extrema cautela de no difundirla. Hemos explicado su serena declaración de que es imposible que un rico entre en el reino de los cielos. Hemos mezclado la enseñanza de Cristo con las de Benjamín Franklin y las de los filósofos del signo del dólar —las que Estados Unidos ha producido en gran abundancia—, de manera que las enseñanzas de Cristo han perdido gran parte de su significado para nosotros.

Las finanzas de la iglesia son una parte buena y adecuada de su desarrollo y su función, pero existe el peligro —siempre presente— de que se vuelvan demasiado importantes en el pensamiento de los funcionarios de la iglesia, a tal grado que desplacen lentamente las cosas más vitales. En nuestras asambleas locales, así como en otras organizaciones evangélicas, hay signos que deberían perturbarnos mucho; señales de degeneración y decadencia que solo pueden conducir a la muerte espiritual si no se descubre y controla la infección.

Para ser específico, algunos de nuestros líderes religiosos parecen haber desarrollado mentes mercantiles y han llegado a juzgar todas las cosas desde la perspectiva de su efecto sobre las finanzas de la iglesia. Lo que una congregación pueda o no pueda hacer lo decide el estado de la tesorería. Su salida espiritual está determinada por sus ingresos económicos, sin margen para el milagro y sin reconocimiento de un ministerio espiritual ajeno al dinero. Esta mala práctica es el resultado de una actitud errónea hacia toda la cuestión financiera en lo que respecta a la fe cristiana.

Es algo nefasto, en cualquier iglesia, cuando el tesorero comienza a ejercer poder. Dado que se puede presumir que es un hombre de Dios, debería tener un lugar igual al de cualquier otro miembro, y si es un hombre de dones y virtudes, naturalmente tendrá ciertas influencias entre los hermanos. Esto es correcto y normal siempre que ejerza sus influencias como hombre de Dios y no como tesorero. En el momento en que se vuelva importante porque es tesorero, el Espíritu se entristecerá y las manifestaciones de este comenzarán a disminuir. Luego seguirá la frialdad y la esterilidad espiritual, que trataremos urgentemente de curar con exasperados clamores a Dios por un avivamiento. El hecho de que el avivamiento nunca llegue se debe completamente a que estamos violando las leyes de Dios y forzando al Espíritu a retirar su poder de nosotros.

Insisto, es una señal y un mal presagio cuando un miembro es bien tratado por su generosidad y se le da un prominente lugar en la iglesia que no guarda proporción con sus dones y gracias espirituales. Cortejar a un cristiano por sus contribuciones financieras es algo tan malo como casarse con un hombre por su dinero. Halagar a una persona por cualquier motivo o interés insano es degradarnos a nosotros mismos y poner en peligro su alma. Halagar a un hombre porque da mucho es ofrecerle también una ofensa oculta, porque detrás del cuchicheo y la sonrisa burlona está la opinión oculta de que el dinero del hombre es más importante que este mismo y más digno de estima.

La Biblia tiene mucho que decir sobre el dinero y su lugar en la obra y la liturgia de la iglesia. Es posible poner nuestro pensamiento y práctica de acuerdo con la voluntad de Dios en este asunto como en todos los demás.

CAPÍTULO 3

EL TEMA DEL DINERO REQUIERE UN REESTUDIO LLENO DE ORACIÓN

SEGUNDA PARTE

Cristo comparó a sus seguidores con niños y ovejas; además, señaló que los pájaros y los lirios tenían lecciones valiosas para nosotros.

Estas cuatro pequeñas criaturas se diferencian mucho entre sí, pero tienen una cosa en común: están completamente libres de preocupaciones. No tienen problemas económicos. Viven de forma espontánea, sencilla, sin tensiones y, además, Dios los cuida. Esto es lo que nuestro Señor quiere que aprendamos a hacer como cristianos individuales; por tanto, el mismo espíritu debe caracterizar a todas las iglesias y a todas las instituciones cristianas de cualquier tipo.

Nosotros, en las iglesias, parecemos incapaces de superar la filosofía fiscal que gobierna al mundo empresarial; de modo que introducimos en las finanzas de nuestra iglesia la psicología de las grandes instituciones seculares tan familiares para todos y juzgamos a una iglesia por su informe financiero de la misma manera que calificamos a un banco o una tienda por departamentos.

Una mirada a la historia convencerá rápidamente a cualquier persona interesada de que la iglesia —la verdadera iglesia— casi siempre ha sufrido más por la prosperidad que por la pobreza. Sus momentos de mayor poder espiritual han coincidido casi siempre con sus períodos de indigencia y rechazo; sin embargo, con la riqueza vino la debilidad y la reincidencia. Si esto no se puede explicar, aparentemente tampoco se puede escapar de ello. La gente simplemente corre fiel a su naturaleza; y, después de todo, la iglesia está compuesta por personas.

Es un hecho bien conocido que la autoridad requiere dinero para mantenerse en el poder, lo cual no es de otra manera cuando esa autoridad es eclesiástica. La contracción económica no es desconocida en los círculos religiosos y siempre ha sido el dispositivo del diablo, ya sea que lo utilice la junta directiva de una iglesia para traer a un pastor valiente a tiempo o los líderes denominacionales para obligar a una iglesia local a alinearse. Tales abusos son posibles solo porque nos hemos dejado enredar en métodos de financiación no bíblicos en la iglesia.

El punto que estoy tratando de resaltar aquí es que, si bien el dinero tiene un lugar apropiado en la totalidad de la vida del militante de la iglesia, la tendencia es darle una importancia que es mucho mayor de lo que es bíblicamente correcto o moralmente adecuado. La iglesia promedio se ha establecido tanto en lo organizacional como en lo financiero que Dios, simplemente, no parece necesario para ella. Su autoridad está tan arraigada y los hábitos religiosos de sus miembros son tan estables que Dios podría retirarse por completo de ella, ya que podría continuar por años con su propio impulso. Y lo mismo ocurre con las escuelas, las conferencias bíblicas y las sociedades misioneras.

Es particularmente lamentable que las actividades de las iglesias y ministerios deban recortarse para ajustarse a los ingresos reales o previstos. Piense en las raíces de esta práctica y verá que eso hace que el poder del Espíritu de Dios dependa de la condición de la economía nacional o de los diferentes niveles salariales en las diversas localidades. Si los miembros de una iglesia local retuvieran sus diezmos y ofrendas, esa iglesia logrará menos estadísticamente, es cierto, pero siempre sus logros dependerán de su condición espiritual, no de su tesoro. El tesoro se llenará si el pueblo es santo; o si la gente es generosa —aunque pobre—, entonces el Espíritu Santo le dará frutos desproporcionados a su informe financiero. El fruto de la iglesia concuerda con su espiritualidad básica, nunca con el estado de su tesoro.

La historia de las iglesias y denominaciones sigue muy de cerca un patrón bastante uniforme: debe comenzar en la pobreza y con poder; establecerse en un grado que elimine todos los peligros y brinde seguridad financiera; ser aceptada por la sociedad; superar la necesidad de la intervención divina; mantener a Cristo como figura decorativa, ignorar su señorío y seguir las tradiciones de los ancianos; ofrecer al clero una recompensa por mantenerse alineados en forma de pensión de vejez; asignar suficientes personas a puestos de poder que se beneficien económicamente de la prosperidad del grupo. Después de eso, *se requiere una oración por el descanso de una persona muerta*, y lo trágico de todo eso es que nadie sabe que está muerta.

Ninguna iglesia ni denominación necesita ir por un camino como ese si los miembros detectan la tendencia antes de que sea demasiado tarde. Por eso me cuestiono. Estamos tan atados al informe del tesorero que habitualmente olvidamos quiénes somos y qué estamos llamados a hacer. Cualquiera puede hacer lo posible; con un poco de coraje y celo, algunos pueden hacer lo fenomenal; solo los cristianos están obligados a hacer lo imposible. Si pudiéramos levantarnos en la fe como Sansón y romper las cuerdas que nos atan, podríamos ver nuevamente que los gastos de una iglesia pueden ser mayores que sus ingresos, así como Dios es más grande que las circunstancias. Podríamos haber demostrado ante nuestros ojos cómo obra Dios maravillas cuando su pueblo deja un margen para los milagros.

CAPÍTULO 4

¿SOMOS LOS EVANGÉLICOS TREPADORES SOCIALES?

El cristianismo, por tradición, ha sido la religión de la gente común, hasta de la marginal. Siempre que las clases altas han adoptado al evangelio en grandes cantidades, el avance del evangelio se ha dormido en los laureles. El respeto y la admiración, por parte de la sociedad, en cuanto a los creyentes casi siempre ha resultado fatal para la cristiandad.

Las razones subyacentes a ese hecho son dos: una humana y la otra divina.

Friedrich Schleiermacher señaló que en el fondo de toda religión hay un sentimiento de dependencia, una sensación de impotencia por parte de las criaturas. El que vive en la tierra sabe que va a volver a ella, por lo que debe buscar ayuda más allá de sí mismo; el ser humano sabe que solo hay un paso entre la catástrofe y él.

Por eso, a medida que asciende en la escala social y económica, el individuo se rodea de más y más dispositivos de protección y empuja al peligro (eso cree él) cada vez más lejos de sí. La confianza en sí mismo desplaza al sentimiento de dependencia que una vez conoció, por lo que siente menos necesidad de Dios.

Si se detuviera a pensar en eso, sabría que es mejor no poner su confianza en las cosas y en las personas; pero está tan mal herido por la caída moral que es capaz de engañarse por completo y, si las condiciones lo favorecen, mantener esa mentira toda la vida.

Junto con el sentimiento de seguridad que traen la riqueza y la posición, viene un orgullo arrogante que cierra herméticamente la puerta del corazón al Salvador que desea salvar al pecador. El hombre orgulloso puede honrar a una iglesia al unirse a ella, pero no hay vida en su acto, es vano. Su religión es aparente y su fe nominal. Su propia respetabilidad o conducta ególatra consciente lo ha destruido.

La segunda razón por la que el cristianismo tiende a declinar a medida que sus devotos ascienden en la escala social es que Dios no los respetará como personas ni compartirá su gloria con ellos. Pablo establece esto con diáfana claridad en su Primera Epístola a los Corintios:

> Pues la locura de Dios es más sabia que la sabiduría humana, y la debilidad de Dios es más fuerte que la fuerza humana. Hermanos, consideren su propio llamamiento: No muchos de ustedes son sabios, según criterios meramente humanos; ni son muchos los poderosos ni muchos los de noble cuna. Pero Dios escogió lo insensato del mundo para avergonzar a los sabios, y escogió lo débil del mundo para

avergonzar a los poderosos. También escogió Dios lo más bajo y despreciado, y lo que no es nada, para anular lo que es, a fin de que en su presencia nadie pueda jactarse (1 Corintios 1:25-29).

Cuando Dios envió a su Hijo para redimir a la humanidad, lo encomendó a la casa de un obrero, donde creció hasta convertirse en lo que ahora llamaríamos un campesino. Cuando se presentó ante Israel e inició su ministerio terrenal, fue rechazado por los religiosos reconocidos y tuvo que buscar seguidores casi exclusivamente entre la gente pobre y sencilla.

Cuando el Espíritu Santo descendió y se fundó la iglesia, sus primeros miembros fueron los socialmente inaceptables. Por generaciones, la iglesia obtuvo sus adeptos de entre las clases bajas, ocurriendo excepciones individuales y ocasionales de las cuales Saulo de Tarso fue el más notable.

Hace siglos, desde Pentecostés, el camino del verdadero cristianismo ha sido muy similar al que Jesús recorrió cuando estuvo en la tierra: era rechazado por los grandes y aceptado por los humildes. La iglesia institucionalizada ciertamente no ha sido pobre, ni le han faltado hombres grandes y poderosos entre su creciente membresía. Pero esa iglesia oficial ha carecido desde hace mucho tiempo de algo imprescindible para la verdadera fe cristiana: poder espiritual.

Casi siempre, la aprobación de Dios ha descansado en los grupos pequeños y marginales, cuyos miembros fueron despreciados mientras vivían y lograron ganar aceptación solo después de haber muerto en el aparente olvido.

Hoy los evangélicos damos señales de que nos estamos volviendo demasiado ricos y muy prominentes; lo cual es perturbador para nuestro propio bien. Con un curioso desprecio por las lecciones de la historia, estamos ocupados luchando por el reconocimiento del mundo y la aceptación de la sociedad. Pero lo curioso es que estamos ganando ambas batallas. Los grandes y los poderosos ahora miran nuestro camino con buenos ojos. El mundo parece estar a punto de venir y unirse a nosotros. Por supuesto, debemos hacer algunas concesiones, pero ya se han hecho casi todas, excepto un poco de compromiso aquí y allá en cuestiones como la inspiración verbal, la creación especial, la separación y la tolerancia religiosa.

El cristianismo evangélico se está convirtiendo rápidamente en la religión de la burguesía. Los acomodados, las clases medias altas, los políticamente correctos, los prominentes, las celebridades están aceptando nuestra religión por miles y estacionando sus costosos autos en los estacionamientos de nuestras iglesias, para el júbilo incontrolable de nuestros líderes religiosos que parecen completamente ciegos al hecho de que la gran mayoría de esos nuevos patrocinadores del Señor de la gloria no han alterado sus hábitos morales en lo más mínimo ni han dado ninguna evidencia de verdadera conversión que habría sido aceptada por los santos padres que forjaron la iglesia.

Sí, la historia es una gran maestra, pero no puede enseñar a los que no quieren aprender. Cosa que, aparentemente, no hacemos.

CAPÍTULO 5

CORONAN AL BUFÓN DE LA CORTE

En tiempos antiguos coronaban al rey mientras al bufón de la corte le ponían un gorro y una campana; hoy coronamos al bufón y ridiculizamos al rey.

El bufón de la corte, como todo lector de historia sabe, era una especie de payaso o comediante profesional contratado en la corte para proporcionarle al rey cierto alivio en tono de alivio sobre un asunto serio y, a veces, peligroso surgido en la gestión del país.

Ese viejo bufón, o necio, ocupaba una posición única, que se ganaba por su ingenio veloz y su talento para divertir a la gente. Lo amaban por su capacidad para alborotar a una asamblea digna con su humor sarcástico, a veces dirigido a uno de los grandes hombres presentes o incluso al propio rey, aunque era un poco arriesgado convertir al soberano en el blanco de una broma. ¿Por qué? Porque el bufón nunca sabía si el monarca aceptaría sus ocurrencias de buen humor y se reiría con los demás o haría que lo azotaran y lo metieran a la cárcel por su impertinencia. En el mejor de los casos, al bufón lo trataban con el afecto que se muestra a una mascota casera; en la peor de las circunstancias, lo pateaban y lo esposaban, ya fuera porque su ingenio era demasiado agudo o porque no podía pensar en nada gracioso cuando su jefe real lo pedía. Al ver que los humanos fuimos creados una vez a la imagen de Dios y que por nuestro pecado hemos caído en un estado de ceguera espiritual y mortalidad, preferiría ser un severo idiota preocupado por la vida eterna que un bufón pagado en exceso sin nada mejor hacer que hacer reír a los hombres y olvidar que deben morir y llegar al juicio.

Sin duda, es una situación asombrosa cuando el artista tiene un aprecio público más alto que el médico, la enfermera, el maestro y el estadista sobre cuyos hombros descansan las esperanzas de generaciones enteras de hombres. Sin embargo, eso es lo que ocurre hoy en nuestra sociedad aparentemente civilizada.

En cualquier parte del mundo, el bufón de la corte lleva la corona y gobierna las mentes de millones de sujetos risueños que no quieren nada mejor ni más alto en esta vida que quitarse los zapatos y pasar una velada de alegría aullante sobre las castañas canosas servidas por el actual bufón real, quienquiera que sea.

El hecho de que otras personas le escribieran chistes burlones para que él leyera su guion no parece empañar su corona de oro a los ojos de sus súbditos que lo adoran. Todavía recibe su tributo voluntario de las masas que prefieren rugir con una risa imprudente que llorar por sus pecados.

Sí, hemos coronado al bufón y despreciado a los verdaderos reyes entre nosotros: el granjero que trabaja para nosotros de sol a sol, el maestro que envejece y se cansa tratando de convertir en damas y caballeros a los niños y niñas que ponemos a su cuidado; el médico que trajo a esos niños y niñas al mundo y que vela por su salud mientras crecen; el policía de la esquina que trae al menos una apariencia de seguridad a nuestras calles; el soldado cuya sangre ha comprado nuestro suelo patrio cien veces durante los años de nuestra historia; el estadista patriota que trabaja para hacer y mantener libre a nuestro país. Estos son mal pagados, ignorados y generalmente tolerados, mientras que el bufón de la corte se pavonea por el mundo como si fuera en verdad un rey en vez del necio barato que es.

No es probable que haya muchos cambios pronto. No soy tan ingenuo como para pensar que esta protesta alterará los asuntos en este mundo asolado por el pecado y el mal hábito; pero tengo la esperanza de que los hijos de Dios lo comprendan. A menudo, los propios cristianos no se dan cuenta de estas cosas hasta que se las señalan.

CAPÍTULO 6

QUE NADIE SE VUELVA INDISPENSABLE PARA USTED

Todo creyente ha tenido, o tendrá en algún momento, la experiencia de apoyarse firmemente en el ejemplo de alguien más sabio y más espiritual que él y en quien busca consejo y guía para la vida cristiana.

Esto es bueno y bíblico, por lo que no debe ser condenado. Feliz el recién nacido en Cristo que puede encontrar un alma pura y santa a la cual tomar como modelo y de quien aprender los caminos del reino. Tal persona puede actuar como un mentor para salvar al joven cristiano de muchos errores y trampas en las que, de otra manera, podría caer.

Se habla mucho sobre esto en las Escrituras y allí se encuentran muchos ejemplos. Josué tenía a su Moisés, Eliseo tenía a Elías y Timoteo a su Pablo. Eso habla bien de la humildad de los jóvenes que estaban dispuestos a aprender y de la paciencia de los mayores que estaban prestos a enseñar. Si Moisés, por ejemplo, hubiera rechazado la compañía del joven Josué y se hubiera negado a molestarse con él, la historia de Israel habría sido diferente, como también lo habría sido si Josué hubiera sido demasiado orgulloso y seguro de sí mismo como para sentarse a los pies de Moisés.

La relación maestro-discípulo es normal y saludable hasta cierto punto; después de eso, se vuelve perjudicial tanto para el maestro como para el discípulo. Un bebé pequeñísimo sobre el pecho de una madre es algo hermoso y natural de ver, pero un niño de cuatro años que no ha sido destetado se está lastimando física y psicológicamente. Tal anormalidad ha de reflejarse en la inteligencia del niño y en la competencia y sabiduría de la madre.

Eliseo siguió a Elías hasta que aprendió de él todo lo que el anciano profeta podía enseñarle; luego Dios se llevó a Elías y el joven se quedó solo. El mejor cumplido a la habilidad de Elías como maestro espiritual lo rindió nada menos que el Señor mismo cuando llevó al maestro al cielo y dejó que el discípulo siguiera adelante sin él. El anciano de Dios había hecho bien su trabajo y el joven ya no lo necesitaba.

Este tipo de cosas se han repetido innumerables veces a lo largo de los siglos; el maestro se hace innecesario y sigue adelante, mientras que el discípulo se pone de pie y comienza a caminar sin nadie en quien apoyarse. Así debe ser, porque el maestro no puede quedarse siempre al lado del discípulo. El tiempo se lo lleva y la causa de la verdad debe ser servida por aquellos a quienes ha enseñado e inspirado mientras caminaba entre ellos. ¿Ha fallado el viejo maestro en enseñar bien o el discípulo ha fallado en aprender? En un caso así, la obra de Dios vacilará, se detendrá y, en consecuencia, el mundo será más pobre.

Al que esté lo suficientemente avanzado como para oír esta clase de consideración, le diría que no permita nunca que *alguien se le vuelva necesario*. Sea lo suficientemente manso para aprender de los humildes y lo suficientemente sabio para aprender de los iluminados. Sea rápido en beneficiarse de las experiencias de los demás y manténgase alerta a la voz de la sabiduría desde cualquier dirección que pueda sonar. Así como la abeja se eleva en busca de néctar donde las flores son más espesas, también usted debe buscar néctar espiritual donde es más probable que lo encuentre, que es entre los cristianos que son los más consagrados, los más devotos y los más experimentados.

Todo hombre tiene algunas contribuciones que hacer a la vida de usted, si usted sabe recibirla; ciertos hombres le sorprenderán con su capacidad para responder a su pregunta no expresada y decirle lo que hay en el corazón de usted. Pero nunca se apegue a ningún hombre como si fuera un parásito. No adopte a ningún hombre como un *gurú*. Aparte de los escritores inspirados de las Sagradas Escrituras, ningún hombre es digno de tal confianza. El santo más agradable puede equivocarse.

Repito, no permita nunca que ningún hombre se vuelva necesario para usted. Solo Cristo es necesario. Aparte de él, somos completamente desdichados; sin él no podemos vivir y no nos atrevemos a morir. Nuestra necesidad de él es real, es vital, cosa que durará más tiempo y continuará hasta la eternidad.

Cristo satisface esa necesidad profunda y desesperada de manera tan completa que cuando lo tenemos a él, no necesitamos a nadie más. Podemos recibir ayuda de nuestros hermanos cristianos como ellos de nosotros, pero nuestra necesidad de ellos es relativa y fugaz. Si alguien se vuelve espiritualmente indispensable para nosotros, hemos abandonado la Roca para construir sobre arena movediza.

Se requiere una profunda consagración, lo admito, y un completo desprendimiento de los intereses terrenales para alcanzar esa clase de independencia. Y es solo después de que nos volvemos completamente dependientes de Dios que podemos caminar sin apoyarnos en los hombres.

Se necesita mucha oración y serena contemplación para mantener el buen equilibrio que nos permitirá recibir ayuda de nuestros hermanos cristianos y, al mismo tiempo, ser tiernamente independientes de ellos. Pero no debemos desesperarnos; eso no está más allá de las posibilidades de la gracia. Ni siquiera para cristianos tan débiles como nosotros.

CAPÍTULO 7

EL ARTE DE HACER EL BIEN DISCRETAMENTE

PRIMERA PARTE

Somos llamados a hacer el bien

De la Biblia y del ejemplo de Cristo, se deduce con claridad que los cristianos están en la tierra para hacer el bien.

Un pasaje nos dice que Cristo "anduvo haciendo el bien y sanando a todos los que estaban oprimidos por el diablo, porque Dios estaba con él" (Hechos 10:38). Además de su ministerio de sanidad y su obra de instruir en la verdad, se dedicó a otro tipo de actividad, lo que el Espíritu llama simplemente "hacer el bien".

"Pues como él es, así somos nosotros en este mundo" (1 Juan 4:17 RVR60). Nosotros, los que nos llamamos por su nombre, tenemos la obligación de imitarlo en sus obras de bondad. En la enseñanza cristiana actual, por lo general se asume que las obras que estamos llamados a hacer son milagros. Es mucho más fácil aplicar cada pasaje que habla de buenas obras a algo grande y dramático que aceptarlo en el sentido de una sencilla y humilde tarea de misericordia, como vestir al desnudo y alimentar al hambriento. Nosotros, los del redil evangélico, somos mucho más fáciles de persuadir a orar toda la noche para que Dios haga un milagro que a ponernos la ropa de trabajo y ayudar al prójimo.

Sin duda hay actividades que priman sobre las obras de caridad. Uno es la obra de dar testimonio de la gracia y el poder de Dios expresados a través de Jesucristo. Esto se establece en Hechos 1:8: "Pero, cuando venga el Espíritu Santo sobre ustedes, recibirán poder y serán mis testigos tanto en Jerusalén como en toda Judea y Samaria, y hasta los confines de la tierra".

Una segunda obra que el cristiano debe realizar es la de dar un ejemplo santo ante un mundo impío.

"Ustedes son la luz del mundo. Una ciudad en lo alto de una colina no puede esconderse. Ni se enciende una lámpara para cubrirla con un cajón. Por el contrario, se pone en la repisa para que alumbre a todos los que están en la casa. Hagan brillar su luz delante de todos, para que ellos puedan ver las buenas obras de ustedes y alaben al Padre que está en el cielo" (Mateo 5:14, 16).

De acuerdo con esto, Pablo exhortó a su amigo Timoteo: "Que nadie te menosprecie por ser joven. Al contrario, que los creyentes vean en ti un ejemplo a seguir en la manera de hablar, en la conducta, y en amor, fe y pureza" (1 Timoteo 4:12).

La tercera responsabilidad que el cristiano tiene para con sus hermanos en la fe y con el mundo es hacer, en el lenguaje de otro, "todo el bien que puedas, a todas las personas que puedas, de todas las formas que puedas, siempre que puedas".

Las Escrituras presentan una imagen encantadora de la mujer ideal, por lo que una característica ideal de ello es la práctica de las buenas obras. La descripción de Lemuel de una mujer virtuosa en el capítulo treinta y uno de Proverbios nos muestra a una que no solo es moralmente pura, sino también trabajadora e industriosa, y junto con sus actividades de ama de casa, también se las arregla para hacer muchas buenas obras para los demás: "Tiende la mano al pobre, y con ella sostiene al necesitado" (Proverbios 31:20).

El apóstol Pablo requería que las mujeres creyentes de la iglesia primitiva se "adornen" con "ropa modesta … y buenas obras" (1 Timoteo 2:9-10). Antes de que una anciana pudiera ser "incluida en la lista de viudas" (obviamente recibida en el primer hogar cristiano para ancianos), tenía que demostrarse no solo que había profesado ser cristiana, sino que fuera "reconocida por sus buenas obras, tales como criar hijos, practicar la hospitalidad, lavar los pies de los creyentes, ayudar a los que sufren y aprovechar toda oportunidad para hacer el bien" (5:10).

La prueba de las buenas obras que Pablo indicó para las mujeres también se aplica a los hombres. En un pasaje obviamente dirigido a los hombres, el apóstol exhorta a que "A los ricos de este mundo, mándales que no sean arrogantes ni pongan su esperanza en las riquezas, que son tan inseguras, sino en Dios, que nos provee de todo en abundancia para que lo disfrutemos. Mándales que hagan el bien, que sean ricos en buenas obras, y generosos, dispuestos a compartir lo que tienen" (6:17-18).

Algunos cristianos sienten poca o ninguna simpatía por los que están fuera del redil. Basta con que se sugiera que se brinde ayuda a algún individuo desafortunado y la pregunta que se hace al instante es la que sigue: "¿Es cristiano?" o "¿Es digno de nuestra ayuda?".

Esta actitud es incorrecta por varias razones y absolutamente incoherente para aquellos que usan el sagrado nombre de Cristo para calificarse a sí mismos. Si vamos a ayudar solo a los dignos de ello, ¿quién puede calificar? Hay cristianos que piensan que pueden retener sus bienes con una conciencia pura, si no tienen la certeza de saber que ayudarían a los pobres, si acaso pueden encontrar a alguno digno de ello. En casos como esos la polilla y el óxido calificarían, sin duda, por lo que al fin conseguirán a alguien; de manera que, el creyente que así actúa puede cantar himnos y evangelizar distribuyendo folletos mientras los pobres piden pan y los pequeños lloran hasta quedarse dormidos por la noche sin nadie que los ayude y los consuele.

En el sexto capítulo de su Epístola a los Gálatas, Pablo estableció para siempre el alcance de nuestra responsabilidad: "Por lo tanto, siempre que tengamos la oportunidad, hagamos bien a todos, y en especial a los de la familia de la fe" (Gálatas 6:10). Esto está en armonía con la verdad que se encuentra en la conocida historia del buen samaritano, en la que se establece que nuestro "prójimo" es todo aquel que nos necesita, sea o no de nuestra familia o nacionalidad. No veo cómo podemos escapar a la fuerza de este doble testimonio; y, a decir verdad, no creo que ninguna persona honesta pueda hacerlo.

Nadie puede negar que debemos hacer el bien en el nombre de Cristo. Cómo hacerlo sin que nuestra mano derecha sepa lo que está haciendo nuestra mano izquierda (ver Mateo 6:3) es un arte que no muchos han logrado aprender.

CAPÍTULO 8

EL ARTE DE HACER EL BIEN DISCRETAMENTE

SEGUNDA PARTE

La mano izquierda y la derecha

Al escudriñar las Sagradas Escrituras, es necesario enfrentar dos hechos directamente: uno es que en el cuerpo de la verdad revelada no hay contradicciones reales; el otro, que las contradicciones a veces parecen estar presentes.

El solo hecho de admitir que exista alguna contradicción en la Biblia, de por sí, ya es negar la infalibilidad de la Palabra de Dios; sin embargo, negar que *parecen* estar presentes en el texto es ilusorio y ponernos a merced de nuestros enemigos.

En las enseñanzas de nuestro Señor acerca de las buenas obras, por ejemplo, es fácil encontrar incongruencias aparentes. En Mateo 5:16, el Señor dice lo siguiente con suma claridad: "Hagan brillar su luz delante de todos, para que ellos puedan ver las buenas obras de ustedes y alaben al Padre que está en el cielo". Las palabras "para que ellos puedan ver" solo pueden significar que el propósito de Dios es exhibir las vidas justas de su pueblo ante el mundo injusto; e igualmente, las palabras "y alaben al Padre que está en el cielo" nos indican por qué él quiere mostrarlas así. Eso es para que él pueda dar un ejemplo de piedad, que ha de ejercer una fuerte influencia moral sobre las personas que, de otro modo, no se verían afectadas.

Eso es fácil. La aparente contradicción viene más adelante cuando dice: "Cuídense de no hacer sus obras de justicia delante de la gente para llamar la atención. Si actúan así, su Padre que está en el cielo no les dará ninguna recompensa. Por eso, cuando des a los necesitados, no lo anuncies al son de trompeta, como lo hacen los hipócritas en las sinagogas y en las calles para que la gente les rinda homenaje. Les aseguro que ellos ya han recibido toda su recompensa. Más bien, cuando des a los necesitados, que no se entere tu mano izquierda de lo que hace la derecha" (Mateo 6:1-3).

Aquí nuestro Señor aparece, pero solo aparece, para anular las instrucciones que dio unos momentos antes. Sin rodeos, parecería que en un lugar dice "Deja" y en el otro "No dejes". Cristo, que es la encarnación de la verdad, no puede expresar contradicciones en ningún sentido. Debe haber una explicación que preserve la unidad orgánica de las enseñanzas que expuso y reconcilie los dos pasajes. Y creo que la hay.

En un lugar, nuestro Señor habla de conducta moral y dice —en efecto— algo como esto que pongo en mis propias palabras: "Sal al mundo y vive de una forma tan pura y tan buena que tus semejantes no puedan dejar de ver tu actuar; de manera que, cuando vean eso, glorifiquen a Dios, que les ha dado tal clase de poder moral a los hombres". En el otro dice algo como lo siguiente: "No se jacte de sus actos bondadosos. Cuando ayude a su prójimo, cuando ministre a los pobres, asegúrese de que su motivo sea el correcto. Asegúrese de que su motivación es glorificar a Dios y no ganarse una reputación barata como filántropo o donante empedernido. No busque ser reconocido por su generosidad, porque eso es engañoso, es una trampa que debe evitar por todos los medios".

De las Escrituras citadas y de otras más, recopilamos verdades que pueden resumirse en la siguiente amonestación: "Lleve una vida pura, justa, pero no la oculte al mundo. Por mucho que piense lo contrario, haga bien a todos los hombres, pero hágalo con discreción para que no llame la atención a usted ni para avergonzar a la persona a la que ayuda".

Es indiscutible que estamos en esta tierra para hacer el bien a los que nos rodean, pero el bien que se hace en forma ostentosa contribuye a la destrucción de usted mismo. Los actos bondadosos son cosas frágiles y deben tratarse con sumo cuidado para que no se vuelvan desagradables y dañen realmente a la persona por la cual se realizan.

Es posible donar una gran suma de dinero y establecer condiciones para su uso de una manera tan imponente como para destruir lo que de otro modo habría sido un acto virtuoso. Casi todo el mundo, en algún momento, ha de haberse sentido a gusto o disgustado por el extrovertido adinerado que pagó toda la cuenta de la cena con tanta satisfacción que hizo que su invitado se sintiera obligado a querer pagar. Pero además de eso, conozco a otros que —por lo general— hacen favores de tal manera que dejan la impresión de que ellos y no el destinatario son los que están siendo favorecidos. Este es un arte fino y hermoso, y uno que no se consigue con mucha facilidad.

El cristiano que quiera que su Señor acepte sus buenas obras debe tener cuidado de no publicarlo, por lo que

—ciertamente— se cuidará de no jactarse de ellas. No obstante, debemos recordar que la breve y refinada advertencia que escuchamos con tanta frecuencia —que expresa: "Digo esto para la gloria de Dios"— no cambia la calidad moral de las palabras que siguen. Jactarse es jactarse, no importa cómo lo disfracemos.

Insisto, he observado la manera en que ciertos laicos adinerados utilizan sus generosas donaciones como una especie de tierno chantaje para que se les permita tener el control de los asuntos de la iglesia. Más aun, todos conocemos a ese tipo de predicador que se permite llegar tan lejos —por obligación con algunos de sus ricos feligreses— que ya no le queda independencia alguna. Ese predicador es su hombre, comprado y pagado, en cuya compañía nunca más se atrevería a decir la verdad.

Es una gracia espiritual ayudar a las personas sin hacerlas sentir en deuda, sin humillarlas y sin establecer una relación tipo superior-inferior. Es un arte que puede hacer el bien de manera tal que no se perciba como algo formal o, como dicen algunos por ahí: "hacer el bien de manera espectacular".

Hay un refrán mundano, muy popular, que indica que si uno quiere perder a un amigo, solo hay que hacerle un favor. Sin duda ese dicho es la cristalización de muchas y amargas experiencias generadas por la interacción de los individuos en sus relaciones humanas.

Sin embargo, ¿podría ser culpa de uno solo de los interlocutores? Es probable que cuando le hicimos un favor a un amigo nuestro, adoptamos una actitud de evidente superioridad que le golpeó su autoestima y lo lastimó hasta lo más profundo.

Es casi seguro que, de todas las personas, los cristianos debemos saber cómo recibir favores sin servilismo y hacer el bien sin arrogancia. Nuestro Señor fue un maestro en ese arte; por lo que podemos aprender de él.

CAPÍTULO 9

¿QUÉ HIZO CORRER A DAVID?

Grande y valiente fue este David, hijo de Isaí de Belén. Tenía diez hermanos, de los que casi no se sabe nada; David es el único que usa la pluma de la inspiración; solo él tiene el honor de escribir cuando es movido por el Espíritu Santo.

La importancia de su figura puede deducirse de su negativa a morir. David se fue de esta tierra hace unos tres mil años; la tierra ha dado vueltas alrededor del sol miles de veces, desde que el salmista nos dejó; miles de veces los gansos salvajes han volado —con sus graznidos— hacia el sur y han regresado nuevamente al norte con la primavera que regresa.

Por otra parte, los imperios nacieron, siguieron el curso de sus historias y desaparecieron; los tronos se han derrumbado; los reyes se han pavoneado por breve tiempo sobre el escenario de la historia y se han tendido al fin para ser olvidados o casi olvidados por el mundo. Cuántos hombres notables a través de los largos años han ido y venido, y no han dejado más rastro que el que deja una flecha cuando atraviesa el aire.

Sin embargo, con David no ocurre eso. Sirvió a su generación por la voluntad de Dios y durmió, pero dormido tiene aun más poder sobre los hombres para el bien que mil médicos y obispos religiosos despiertos. No permitirá que el olvido se lo trague ni se quedará quieto con los antiguos en medio del polvo y el moho. Aunque fue un pastor sencillo, pervive hoy para enseñar a los eruditos; llevó una vida aislada entre su propia gente, pero su voz se escucha hoy en casi todas las tierras y sus hermosas composiciones musicales se cantan en medio millar de lenguas. Apenas se hace un servicio religioso en cualquiera de los días de la semana en cualquier parte del mundo y, sin que nadie lo vea, surge la presencia de David dirigiendo el coro de alabanzas. Es más, cuando el ministro se levante para predicar la verdad de Dios, difícilmente se volverá a sentar hasta que haya hablado de David o citado algo de sus inspirados salmos.

¿Qué hace que David corra? Bueno, admito una gran ignorancia sobre todo ese asunto, pero si un cristiano neotestamentario puede mirar a un rey del Antiguo Testamento, me aventuro a opinar algo.

Quizás la grandeza de David y su importancia para la humanidad radique en su absoluto interés por Dios. Era hebreo, empapado de la tradición levítica, pero nunca se confundió con la liturgia religiosa. Una vez dijo: "Siempre tengo presente al Señor; con él a mi derecha, nada me hará caer" (Salmos 16:8), y otra vez dijo, o más bien clamó, porque sus palabras se elevan desde lo profundo como un grito: "Tengo sed de Dios, del Dios de la vida. ¿Cuándo podré presentarme ante Dios?" (42:2).

David estaba muy consciente de quién era Dios. Para él, Dios era el único Ser digno de conocer. Donde otros veían la naturaleza, él veía a Dios. De hecho, era un poeta de la naturaleza, pero vio a Dios primero y amó la naturaleza por el amor de Dios. El poeta William Wordsworth invirtió el orden y, aunque es genial, no es digno de desatar los cordones de los zapatos de David el hombre. David también era un individuo poseído por Dios. Por eso se arrojó a los pies de Dios y exigió ser conquistado, a lo que Jehová respondió asumiendo su personalidad y dándole forma como el alfarero que moldea la arcilla.

Debido a que estaba poseído por Dios, podía ser enseñado por este. Apenas es posible saber con certeza cuán grandes fueron las ventajas educativas de David, pero podemos asumir con seguridad que no tenía mucho de lo que ahora llamamos educación formal. Sin embargo, ha enseñado a millones y, tras el paso de los siglos, todavía asiste a la escuela y enseña poesía divina, teología mística y el arte de la adoración pura a todos los que tienen oídos para oír.

Es cierto que David pudo haber estado cuidando ovejas cuando debería haber estado en un aula estudiando. Esa es una suposición pura y simple. Pero no es de suponer que todos aquellos días estando al cuidado de sus ovejas cuando era pastor, ni cuando llevaba la carga de la nación al llegar a ser rey, lo apartaron de su estudio más puro y noble, el estudio de Dios. David envió su corazón a la escuela al Dios Altísimo, y pronto lo conoció con una inmediatez de conocimiento más maravilloso que lo que soñamos con nuestras filosofías. Jehová lo conoció por la iluminación interior del Espíritu. Así como el ave conoce la espesura donde nació o el conejo el brezo donde acunó, así David conocía a Dios con una familiaridad tal que estaba santificada y caracterizada por un temor piadoso y reverente.

¿Qué hizo correr a David? ¿Qué hace que el niño corra y grite de júbilo en una mañana de verano? ¿Qué lleva al amante a la puerta donde mora su amada? David era un hombre ebrio de Dios. Era un hombre que vio a Dios hasta que fue arrebatado. Siendo aún joven, en presencia del Arca sagrada, se dejó llevar en una danza exuberante que deleitó a Dios tanto como ultrajó a la despiadada Mical.

Por muchos años me encantaron los salmos de David, aunque no sabía por qué. Los leía y releía una y otra vez, casi podría decir que más que cualquier otra parte de la Biblia, hasta me reprendí a mí mismo por esa preferencia dado que, después de todo, yo era un creyente del Nuevo Testamento y los salmos pertenecían al Antiguo. Entonces, un día leí una frase de un libro de Horatius Bonar. Decía simplemente: "El Espíritu de Jesús habita en los salmos". En ese momento supe la respuesta a mi inquietud y quedé satisfecho.

David, en el Espíritu, conoció y se comunicó con el que iba a ser su hijo según la carne, "y declarado Hijo de Dios con poder, según el espíritu de santidad, por la resurrección de entre los muertos" (Romanos 1:4). Fue el amor de Cristo lo que hizo correr a David. "¡Oh amor de Jesús! ¡Amor bendito!".

CAPÍTULO 10

LA RETRIBUCIÓN ETERNA, UNA DOCTRINA BÍBLICA

Creo en la retribución eterna. Que aquellos que continúen impenitentes hasta el final de sus vidas terrenales serán desterrados de la presencia de Dios para siempre es una verdad tan enseñada en las Escrituras con tanta claridad como la caída del hombre o la resurrección de los muertos.

La Biblia es una unidad orgánica, una consigo misma en todo momento, y debe ser recibida en su totalidad o rechazada en igual grado. No me atrevo a seleccionar las partes en las que quiero creer y excluir lo que me molesta u ofende. Eso sería establecer mi razón falible como un criterio contra el cual juzgar la revelación infalible, obviamente una cosa irrazonable en sí misma.

Si bien es cierto que estoy ante la Biblia para ser juzgado por ella y no yo a la Biblia; aunque sea cierto que estoy moralmente obligado a aceptar las Sagradas Escrituras y, por la luz que me brindan, prepararme para que las Sagradas Escrituras me acepten, como pensador serio y responsable, debo admitir que a veces es difícil de entender con precisión lo que enseñan las Escrituras sobre un tema determinado. Una vez que sepamos, debemos aceptarlo y creer; hasta que sepamos, podemos mantener nuestra integridad moral solo admitiendo nuestra ignorancia; la cual nos obliga a escudriñar la Palabra en oración y reverencia hasta que la luz se apague y nuestras dudas se aclaren.

La doctrina de la retribución eterna ha sido sostenida y enseñada por una abrumadora mayoría de cristianos desde los días de los apóstoles. Casi todos —si no la totalidad— los padres de la iglesia y los grandes doctores y santos a lo largo de los siglos creían que la Biblia enseña que los finalmente impenitentes serán arrojados a un infierno del que no hay escapatoria ni más oportunidad de arrepentirse para aprovechar la misericordia de Dios y los beneficios de la expiación de Cristo. Creían, como creen hoy la gran mayoría de los cristianos amantes de la Biblia, que la personalidad del hombre impenitente se perpetúa más allá del momento de la muerte física, y que el individuo debe enfrentarse a una estricta rendición de cuentas de los hechos realizados en la tierra y escuchar la sentencia de condenación pronunciada contra él.

He leído los argumentos presentados contra esa creencia y he reconocido la fuerza de ellos. Sin embargo, aunque mi corazón humano podría recibir cualquier destello de esperanza —por débil que sea— que pudiera quedar para los perdidos, las Escrituras son demasiado claras y precisas para permitir que esa esperanza exista.

Frederic W. Farrar, el célebre decano de Canterbury, suplicó con gran seriedad moral y abrumadora elocuencia por lo que llamó "esperanza eterna" para todos los hombres, y como un abogado defensor logró encontrar entre las obras de los padres latinos citas para apoyar esa espera. Pero el peso de la evidencia del lado de la creencia tradicional es demasiado grande; solo puede haber una conclusión: la Biblia enseña la doctrina de la retribución eterna, la cual todo hombre pacífico y razonable debe aceptar sin reservas; pero, en caso de que la rechace, rechazará la Palabra de Dios junto con ella. El hombre que no cree en el infierno debe renunciar a su derecho de creer en el cielo.

Para mantener en equilibrio todo el testimonio cristiano, debemos enseñar lo que la Biblia enseña sobre el futuro de los impenitentes. Sin embargo, debemos velar por nuestro propio corazón para que, sin que lo sepamos, no adoptemos inconscientemente la idea del infierno como la venganza que tomamos contra aquellos que no creen como nosotros. Así como el miedo a la excomunión o al purgatorio sirve para mantener a raya a los fieles católicos romanos, también es posible utilizar el temor al infierno para hacer que la gente se someta a un pastor dictatorial o a un evangelista que intenta llenar su cuota de conversos para la predicación.

La idea del infierno que se encuentra en las Escrituras es tan terrible que el primer impulso de un corazón amoroso es desear que eso no sea así. Pero la piedad humana es una emoción hermosa y peligrosa. A menos que esté sujeta a la aguda crítica del juicio moral, puede poner nuestras simpatías del lado del asesino, y a menudo lo hace, en vez del lado del muerto, la viuda y los niños que ha dejado tras él. La simpatía impía mueve a las damas de ojos estrellados a enviar flores al criminal que espera ser ejecutado, mientras que el niño inocente que pudo haber violado y mutilado apenas percibe un impulso fugitivo de piedad.

De la misma manera, la simpatía desinformada e irracional tiende a tomar partido por la raza caída y rebelde de los hombres contra el Dios Altísimo cuyo nombre es Santo. El mismo que les dio vida e inteligencia a los hombres, que ha sido paciente con ellos aunque desafiaban sus leyes, mataban a su Hijo unigénito y despreciaban su amor agonizante; todo lo cual se pasa por alto por completo. Que los hombres usen su don del libre albedrío para rechazar a Dios, elijan la iniquidad y con los ojos bien abiertos trabajen con persistencia para prepararse para el infierno, parece no importarles a algunas personas. En una confusión de emociones incontrolables, se ponen del lado de los enemigos de Dios. Esto es incredulidad disfrazada de compasión.

El grito contra la idea de la retribución moral revela varios conceptos erróneos profundamente arraigados. Estos tienen que ver con la santidad de Dios, la naturaleza del hombre, la gravedad del pecado y la asombrosa maravilla del amor de Dios expresado en la redención. Quien las entienda, aunque sea en forma imperfecta, se pondrá del lado de Dios para siempre, y cualquier cosa que él haga, clamará a la voz desde el altar: "Así es, Señor Dios Todopoderoso, verdaderos y justos son tus juicios" (Apocalipsis 16:7).

Es probable que la palabra de Moody sobre este asunto sea tan sabia como cualquiera que se haya pronunciado. Él dijo: "Ningún hombre debería predicar sobre el infierno hasta que pueda hacerlo con lágrimas en los ojos".

CAPÍTULO 11

UNA PALABRA PARA EL SABIO

E l trabajo de llevar el evangelio a tribus remotas ocultas en lugares extraños y peligrosos a menudo requiere un coraje y una audacia iguales a los que despliegan el explorador en busca de un nuevo río o el soldado en el desempeño de sus funciones.

Hay misioneros que nacen aventureros; aunque están consagrados a Cristo por completo y absolutamente dedicados a la gloria de Dios, están —a pesar de todo— muy enamorados de la emoción física que acompaña a las actividades misioneras en algunas partes del mundo. Estos han hecho un trabajo excelente y deben ser clasificados entre los verdaderos siervos de Cristo y los mensajeros de la cruz. Su amor por los hombres perdidos es profundo y real. Su afición por los viajes y el peligro es natural para ellos y, en efecto, contribuye mucho a su idoneidad para el trabajo que están llamados a hacer, una labor que sus hermanos más cautelosos nunca podrían realizar.

El público cristiano, siempre dispuesto a adoptar héroes como esos en su corazón, ha mostrado su amable debilidad al seguir a esos hombres, aferrarse sin aliento a sus coloridas palabras y colmarlos de dinero y regalos de todo tipo. Al enfocar así la atención en su tarea, estos hermanos han hecho un favor real a la causa de las misiones mundiales. Se han ganado las oraciones y el apoyo de muchos que no se habrían despertado con el programa misionero ordinario. De la pureza de sus motivos y la sinceridad de sus llamamientos no cabe duda. Nos vendrían bien más hombres así.

Ahora bien, es lamentable que esos hombres, por su celo y por el éxito de sus esfuerzos, hayan preparado inocentemente el camino para un timo tan pulcro y lucrativo como se puede encontrar en cualquier parte del campo de la religión. Porque han surgido algunos que no tienen escrúpulos en explotar el amor del cristiano moderno por medio del dolor y el drama. Estos han entrado con sonido de trompeta. Se especializan en emociones y cuentos de aventuras, tanto sencillos como espeluznantes, y en algunos lugares han capturado la imaginación y la lealtad de un gran número de cristianos de indudable sinceridad.

Sin ningún "buen informe" previo, lamentablemente pobres en cuanto a la erudición, sin edad, experiencia y sabiduría y, en muchos casos, sin haber servido como aprendices de ningún líder espiritual reconocido, se erigieron como grandes pioneros misioneros y a pura fuerza de personalidad, logran sacar de un público emocional y acrítico el dinero suficiente para financiar sus llamativos proyectos.

Estos dependen para su éxito del poder de la publicidad ágil y utilizan todos los trucos que hay en la bolsa del vendedor moderno para promover sus intereses. La obra misional, tal como la presentan, es una gran y agradable aventura. Significativamente ausentes están las aflicciones del Calvario y la aflicción del Espíritu Santo. Su discurso es tierno y convincente, pero su espíritu no es el de los grandes líderes misioneros del pasado. Estas aventuras religiosas profesionales pueden ser identificadas por una de varias marcas. Una es su eterna inquietud. Siempre están apareciendo en lugares inesperados con su cámara, viajando a expensas de cristianos trabajadores, por supuesto, y regresando para asustar al público religioso con lo que sus ojos han visto y lo que su cámara ha grabado. Estos nunca irían a un rincón del campo blanco y listo para la siega que hay en el mundo, por lo que se perderían la sacra obra de ganar almas. Nunca se les ocurre que deberían quedarse en algún campo y sudar a la manera de los grandes y fructíferos misioneros de todas las sociedades y denominaciones a lo largo de los años.

Por desdicha, también algunos líderes religiosos en nuestro país han descubierto que es rentable introducir el motivo misionero en sus programas. El público apoyará una obra que tenga sabor misionero y estos hombres lo saben. Es difícil evitar la conclusión de que las misiones a veces se utilizan como cebo para atraer multitudes y asegurar mayores ingresos.

Por doloroso que sea llamar la atención sobre un abuso como ese, debe hacerse sin rodeos y sin miedo. Seguramente no es prueba de semejanza a Cristo cerrar los ojos y la boca mientras una tarea tan sagrada como las misiones extranjeras sufren a manos de hombres ambiciosos e irresponsables. Ciertos tipos de hombres solo se enfocan en esto. Sin embargo, la sociedad misionera que honra a Dios se apresurará a invitar a inspeccionar la ofrenda que se destina a ese fin. Pero el hombre aventurero que quiera ir de paseo a expensas del cristiano ingenuo se sentirá herido y sin duda me acusará de atacar la empresa misionera. Cuarenta años de asociación con una sociedad en la que los misioneros practican la mesura, el autosacrificio, el compromiso de por vida con la tarea, el trabajo pionero y solitario, el estudio minucioso del idioma y donde las privaciones, los peligros y el martirio real se aceptan como parte de la obra, por supuesto, debería absolverme de esta acusación.

El cristiano que tiene dinero para invertir en la evangelización mundial debe, como seguramente enfrentará a su Señor en el juicio, abordar su responsabilidad con cautela. Debería exigir una presentación de cuentas e insistir en saber cómo se gasta su dinero. Y debe asegurarse de que está ayudando a sostener solo a hombres y mujeres humildes, personas consagradas a la obra que no aman sus vidas y que están dispuestos hasta a morir. Ni un centavo se debe dar para ayudar a las actividades egoístas de un feliz aventurero que busca pasar por mensajero de Cristo.

Todo esto es demasiado sagrado para tratarlo a la ligera; además, el juicio está demasiado cerca.

CAPÍTULO 12

LA INGESTA DE LA HIERBA LOCA

En el oeste de Estados Unidos crece una planta llamada *locoweed*. Parece un helecho y lleva el horrendo nombre botánico de *astrágalo mollissimus*. Esta planta es rica en *swainsonina*, un alcaloide indolizidínico, y es muy peligrosa para el ganado puesto que es venenosa. Cuando un novillo la ingiere le afecta el cerebro, por lo cual pierde el equilibrio, destruye su coordinación muscular y pierde la capacidad de enfocar bien la vista, de modo que no detecta los objetos que se le interponen en el camino por más grande que sean. Ello hace que hasta camine directo hacia un acantilado sin percatarse del peligro.

Aunque la información que poseo respecto a este tema es bastante confiable, dado que el *locoweed* está obviamente fuera de mi campo de interés, o al menos de mi esfera de responsabilidad, simplemente evadiría todo ese asunto, excepto que apunta directo a otro punto más serio que en verdad es de interés crítico para mí. Me refiero al pecado y su efecto sobre las personas.

Cuando un novillo comienza a tambalearse después de ingerir la hierba loca, el ganadero sabe que algo anda mal. La bestia no actúa como lo hace usualmente. En palabras sencillas, se enloquece.

Al considerar el potencial de grandeza moral que Dios forjó en la naturaleza humana cuando hizo al hombre a su propia imagen; cuando vemos lo abnegadas y amables que son las personas en sus mejores momentos; cuando observamos la tierna inocencia de un bebé o el amor abnegado y resplandeciente de una madre, sentimos que apenas estamos preparados para captar el impacto que genera leer la historia, revisar el periódico o ver las redes sociales.

Esa mujer que está con una pistola humeante en la mano sobre el cuerpo de su esposo asesinado, ¿puede ser la misma dama cuyo rostro unas horas antes era tierno y radiante mientras amamantaba a su bebé? Ese chico que le clava una navaja en el corazón a otro joven de una zona poco segura de la ciudad, ¿puede ser el mismo que antes de salir de la casa para unirse a la pandilla de su barrio pasó media hora retozando con su hermanita o burlándose cariñosamente de su madre? Ese joven que se sienta con el rostro sombrío y en silencio en la casa de la muerte esperando la hora en que debe pagar por sus crímenes contra la sociedad, ¿es el mismo que hace unos meses yacía boca abajo en la cama y sollozaba porque un perrito que amaba había sido asesinado por un automóvil?

Si bien la vida de la persona común no es tan dramática y violenta como la de las personas aquí citadas, su conducta es, sin embargo, bastante contradictoria. El ser humano pasa frío y calor día tras día; unas veces es bondadoso, honesto, generoso y casto pero otras es cruel, engañoso, codicioso y lujurioso;

anhela ser bueno pero actúa con maldad, desea conocer a Dios, pero le da la espalda; espera el cielo pero se dirige al infierno. Está moralmente desequilibrado, loco.

El pecado es una mala y venenosa hierba que desordena toda la naturaleza del ser. La vida interior se desintegra; la carne codicia los placeres prohibidos; el juicio moral se distorsiona, de modo que a menudo el bien parece maligno y el mal bueno; se elige el tiempo sobre la eternidad, la tierra sobre el cielo y la muerte sobre la vida.

Eso explica en gran medida el lenguaje vívido y colorido empleado por los profetas y apóstoles para describir los efectos del pecado.

> Toda su cabeza está herida, todo su corazón está enfermo. Desde la planta del pie hasta la coronilla no les queda nada sano: todo en ellos es heridas, moretones, y llagas abiertas, que no les han sido curadas ni vendadas, ni aliviadas con aceite.
>
> —ISAÍAS 1:5-6

Esta es una muestra de lo que dice Isaías. Se podría tomar una docena de páginas de citas igualmente contundentes de los otros profetas y salmistas.

Casi siempre se piensa que el Nuevo Testamento es más suave que el Antiguo, pero solo tenemos que leer las acusaciones de Cristo a los fariseos para descubrir cuán errónea es esa noción. Pedro, Juan y Judas mojan sus plumas en fuego líquido para hacer justicia a la ardiente ira de Dios contra el pecado, mientras que Pablo traza el camino serpenteante del pecado a través del sistema humano y demuestra cuán confuso y moralmente contradictorio es el corazón que no se ha separado de su iniquidad.

Sin embargo, debemos tener cuidado de no llevar nuestra ilustración tan lejos como para crear la impresión de que el pecado es un accidente, una enfermedad, un veneno ingerido sin querer. Si el pecado es una enfermedad, es como el alcoholismo, una que se elige, se compra y se consume voluntariamente. Un novillo no es responsable de envenenarse con hierba loca, pero los hombres están dotados de inteligencia y capacidad para distinguir el bien del mal; por lo tanto, no deben ser excusados ni por su pecado ni por sus terribles resultados. En efecto, los hombres son responsables de sus pecados, por lo que su responsabilidad es doble. Primero, están moralmente obligados a elegir el bien y rechazar el mal; además, serán juzgados con severidad y certeza por no haberlo hecho.

En segundo lugar, dado que Dios ha proporcionado una cura en Cristo, los hombres son responsables de humillarse así como también de buscar el perdón y la limpieza en la fuente abierta a disposición de todos los hombres por la terrible muerte de Jesucristo en la cruz romana.

"El que esté dispuesto", dijo Jesús (Juan 7:17), y al decirlo eliminó todas las excusas e hizo a cada hombre responsable tanto de su futuro como de su pasado. Porque a pesar de lo que nos ha hecho el pecado, todavía podemos elegir la vida eterna; y somos responsables de nuestra decisión, ya sea correcta o incorrecta.

CAPÍTULO 13

EL PERFECTO AMOR ECHA FUERA EL TEMOR

(Escrito el 11 de diciembre de 1957).

Durante la Segunda Guerra Mundial, los nazis introdujeron una nueva arma que no se había utilizado antes o, al menos, nunca con la misma intensidad. Fue la técnica del pánico.

Las bombas estaban provistas de espeluznantes silbidos que producían un gemido sobrenatural mientras se dirigían a toda velocidad hacia la tierra. Eso funcionó bien al principio. Poblaciones enteras salían corriendo y se arremolinaban con frenesí, interponiéndose en el camino de los demás y, lo que era más grave, bloqueando calles y carreteras e impidiendo el paso libre a las tropas y las ambulancias.

Ese, por supuesto, era el propósito de la bomba estruendosa, asustar a las multitudes para que salieran en estampida.

Más tarde, los chinos comunistas utilizaron esa técnica de miedo contra las tropas de la ONU en Corea, pero no funcionó tan bien contra aquellos hombres entrenados. Eran demasiado difíciles de asustar.

En la pasada guerra fría, los soviéticos siguieron con el viejo truco del miedo, emitiendo advertencias veladas y amenazas siniestras con la destrucción total de aquellos que se interpusieran en su camino. El propósito era quebrantar el espíritu de los pueblos libres mediante la psicología del terror. La mayoría de sus amenazas eran tan mortales como las máscaras de las fiestas de disfraces, ellos sabían que los demás estaban conscientes de eso; pero también sabían que el enemigo no sabía con certeza cuál era real, por lo que siguieron intentando asustarlo.

Lo más cerca que el mundo ha estado del pánico fue cuando los rusos enviaron sus satélites hace mucho tiempo. Es posible que nunca se sepa con certeza si pretendían aterrorizar al resto de la humanidad cuando arrojaron sus pequeños artilugios al cielo o si todo fue una empresa científica legítima, pero no hay duda de que ahora están jugando con las bombas estruendosas hasta el límite y disfrutando al ver a algunos de los líderes de sus naciones enemigas correr en círculos despavoridos.

Cuando se escucharon los leoninos rugidos del fallecido presidente de la extinta Unión Soviética, Nikita Sergeyevich Khrushchev, algunos líderes mundiales detectaron más que una similitud accidental con los agudos gritos del tigre Hitler. (¡Por cierto, quién sabe dónde está Hitler ahora!)

Los consejos para los ministros de defensa del mundo son escasos, pero creo que hay una palabra muy importante el respecto para el pueblo de Dios. Debemos tener presente que ninguna nación es completamente mala, por lo que no se puede trazar una línea de demarcación nacional clara entre los amigos y los enemigos del cielo. Las naciones libres de la tierra tienen mucho de lo que deberían arrepentirse y, sin duda, hay muchos cristianos verdaderos en Rusia que no se han arrodillado ante el comunismo ni han besado su imagen.

Por lo tanto, nos conviene ser penitentes, confiados y humildemente valientes ante la máscara de terror que presentan las bombas de hidrógeno, los *sputniks* y los misiles balísticos. Necesitamos asegurarnos de que somos moralmente dignos de ser perpetuados como creyentes y el Dios de Sabaoth nos guardará y nos protegerá. Creo que continuamos siendo objeto del interés de Dios. El cálido aliento de la oración aún pende como una niebla invisible sobre esos bosques y colinas templadas de las que cantamos, aunque los mismos santos que oran pueden haber abandonado hace mucho tiempo la tierra que una vez amaron y bautizaron con lágrimas de amor.

No importa cuáles sean las circunstancias, los cristianos debemos mantener la cordura. "Dios no nos ha dado un espíritu de timidez, sino de poder, de amor y de dominio propio" (2 Timoteo 1:7). Es lamentable ver a un hijo del cielo encogerse de terror ante los hijos de la tierra. El Espíritu Santo nos enseña en las Escrituras acerca de la verdad en cuanto a que el miedo es una especie de prisión para la mente y que por medio de él podemos pasar toda la vida en esclavitud.

Rechazar el dolor mental o físico es natural, pero permitir que nuestras mentes se aterroricen es otra cosa. Lo primera es una acción refleja; lo último es el resultado del pecado y es una obra del diablo para llevarnos a la esclavitud. El terror es o debería ser ajeno a la mente redimida. La verdadera fe libera del miedo interponiendo de manera muy consciente a Dios entre él y el objeto que lo atemorizaría. El alma que vive en Dios está rodeada de la Presencia divina, de modo que ningún enemigo pueda acercarse a ella sin antes disponer de Dios, una imposibilidad palpable.

Podría citar cientos de pasajes de las Sagradas Escrituras para mostrar que Dios guarda a su pueblo y que no hay nada en la tierra ni en el infierno que pueda dañar a un alma que confía en Dios. El pasado está perdonado, el presente está bajo la custodia de Dios y mil promesas resplandecientes dan seguridad para el futuro. Sin embargo, a veces, el adversario nos aterroriza. Esto no es infrecuente pero tampoco es necesario. No debemos tratar de disculparlo, sino reconocerlo como evidencia de nuestra inmadurez espiritual.

A través de la sangre del pacto eterno estamos tan seguros aquí en la tierra como si ya estuviéramos en el cielo. No hemos pasado más allá de la posibilidad de la muerte física, pero hemos entrado en una esfera de la vida donde podemos permitirnos morir sabiendo que, para el cristiano, la muerte es un portal luminoso a la gloria inefable.

Es absolutamente posible llegar a un punto en la gracia en el que nada puede asustarnos. Podemos tener un entendimiento con Dios acerca de nuestro ayer, nuestro hoy y nuestro mañana. El temor a la muerte y al juicio desaparece de nosotros cuando entra el verdadero temor de Dios, y ese temor no tiene tormento, sino que es un yugo ligero y fácil para el alma, que nos hace descansar más que agotarnos.

CAPÍTULO 14

UNA REFORMA DE NAVIDAD MUY ATRASADA

En estos últimos tiempos, ninguna otra temporada del año revela tanta religión y tan poca piedad como la época navideña.

Desde que Dickens escribió *El cántico de Navidad*, casi nadie se atreve a decir lo que él pensaba acerca de esa fecha. Tememos que hacerlo sería identificarnos con un viejo cascarrabias que odiaba a todo el mundo; así que seguimos con lo de las festividades adornadas, haciendo nuestro mejor esfuerzo por preservar una sonrisa disfrazada en nuestros rostros y un sonido alegre y vibrante en nuestras voces, sin importar cómo nos sintamos.

Ahora bien, a pesar de que Dickens dice lo contrario, no creo que estemos obligados a elegir entre el viejo Scrooge y Tiny Tim. Seguramente hay un término medio en el que los adultos maduros, inspirados por el amor e iluminados por el

Espíritu pueden ubicarse y tomar sus propias decisiones en cuanto a la festividad más hermosa pero más abusada y humillada que llamamos Navidad. Por mi parte, quiero hacer precisamente eso y amar a todos en el proceso. Nunca conocí a un Ebenezer Scrooge. Mi propia infancia se iluminaba con el regreso anual de la Navidad. Mi madre, con su rostro dulce, luchaba para proporcionar algunos extras para su familia en la mañana de Navidad y, de alguna manera, siempre lo logró. Si no había más que una naranja, un tazón de palomitas de maíz y un juguete barato para cada uno de nosotros, con todo y eso, era un momento memorable para todos. Incluso el viejo perro que se echaba sobre la alfombra trenzada hecha en casa participaba en esa feliz mañana obsequiada con un puñado de caramelos duros, los que masticaba fuerte y solemnemente produciendo un chillido que era el deleite de los chicos más pequeños.

Los niños que más tarde llegaban a mi casa podían y, estoy seguro de que lo harían, testificar del casi insoportable deleite que les trajo la mañana de Navidad. Su casi delirio cuando se despertaron, salieron de la cama y se reunieron alrededor del árbol para desenvolver sus regalos en medio de gritos de sorpresa y deleite nunca se les olvidará ni a ellos ni a sus padres mientras la vida y la memoria perduren. No, quienquiera que sea el que llegara durante el día, Scrooge nunca estaría entre los visitantes; habría muerto de apoplejía si se hubiera acercado al lugar.

Sin embargo, la Navidad, tal como se celebra hoy, necesita urgentemente una reforma radical. Lo que al principio era una expresión espontánea de un placer inocente se ha llevado a un exceso desmesurado. En una sección de Chicago, por ejemplo, la ciudadanía emocionada compite entre sí cada año por el árbol de Navidad más grande, llamativo y ordinario, que puedan colocar en el porche, en el césped, a lo largo de la calle… y un Papá Noel gigantesco, vestido de manera atrayente y fría, pero con una sonrisa decidida conduciendo una manada de renos ubicados en una casa completamente iluminada a través del patio o sobre el techo de la misma.

Cuán lejos hemos llegado corrompiendo nuestros gustos por la reverencia ante los sencillos pastores, el canto de los ángeles y la belleza de la hueste celestial. La Estrella de Belén no podría guiar ni a un solo sabio a Cristo en estos tiempos; no se podría distinguir entre los millones de luces artificiales colgadas en la calle principal por la Asociación de Comerciantes. Ningún ángel podía cantar lo suficientemente alto como para hacerse oír por encima de la estridente y ensordecedora interpretación de "Noche de paz" destinada a atraer clientes a las tiendas del vecindario.

En nuestro frenético materialismo hemos convertido la belleza en cenizas, prostituido cada emoción normal y convertido en mercancía el regalo más sagrado que el mundo haya conocido. Cristo vino a traer paz, pero celebramos su venida haciendo imposible la paz durante seis semanas de cada año. No es la paz, sino la tensión, la fatiga y la irritación lo que gobierna la temporada navideña. Él vino para liberarnos de las deudas, pero muchos responden endeudándose profundamente cada año para comprar lujos enervantes y obsequiarlos a personas que no los aprecian. Él vino a ayudar a los pobres, pero les regalamos obsequios a aquellos que no los necesitan. La simple muestra dada por amor ha sido desplazada por regalos caros entregados porque nos hemos visto atrapados en un aprieto y no sabemos cómo dar marcha atrás. En situaciones como esas no se encuentra la belleza del Señor nuestro Dios, sino la fealdad y la deformidad del pecado humano.

Entre los dañinos abusos de la época navideña en nuestra sociedad actual se encuentra la sustitución de San Nicolás o Santa Claus por Cristo como principal objeto de interés popular, sobre todo entre los niños.

La moralidad de las historias y los cuentos de hadas de Mamá Oca ha sido cuestionada por padres cristianos serios, pero mi opinión es que son relativamente inofensivos porque se cuentan como ficción y el niño es plenamente consciente de que son imaginarios. Con San Nicolás y Santa Claus no ocurre lo mismo. Al niño se le enseña la falsedad como una verdad sobria y, por lo tanto, se le engaña groseramente durante el período más sensible y formativo de su vida.

¿Qué haremos? Cultivar la humildad y la prudencia. Ponga el énfasis donde lo pone la Biblia, en el Cristo que está a la diestra de Dios, no en el niño que yace en el pesebre. Vuelva a la sencillez que hay en Cristo. Limpiemos nuestras iglesias de la pompa no bíblica prestada por Roma. Agarre las Escrituras como su guía y rehúse la presión para que se adapte al paganismo practicado en el nombre de Cristo.

CAPÍTULO 15

ALCEN SUS ALEGRES VOCES

A sí como el libro de los Salmos es un comentario lírico del Antiguo Testamento, con la música de una cálida devoción personal, nuestros grandes himnos cristianos forman un comentario gozoso del Nuevo Testamento. Aun cuando ningún cristiano instruido afirmaría que ningún himno tiene el mismo grado de inspiración que el de los Salmos, el alma que adora y canta se convence con facilidad de que muchos himnos poseen un resplandor intrínseco que es un poco más que humano, casi angelical. Si no son inspirados en el pleno y definitivo sentido cristiano, aun conservan la calidez del aliento del Espíritu y la dulce fragancia de la mirra, el áloe y la casia que engalanan los palacios de marfil.

En los himnos se celebran todas las doctrinas básicas de la fe cristiana. Si las Escrituras fueran destruidas o inaccesibles para la iglesia, no sería demasiado difícil extraer de nuestros himnos un cuerpo completo de doctrina bíblica. Eso, por supuesto, carecería de la autoridad de la Palabra inspirada, pero bien podría servir en una hora oscura para mantener viva la fe de nuestros padres. Mientras la iglesia pueda cantar sus grandes himnos, no podrá ser derrotada; porque los himnos son teología en música.

Los himnos no crean la verdad, ni siquiera la revelan; la celebran. Son la respuesta del corazón confiado a una verdad revelada o un hecho cumplido. Dios los hace y el hombre los canta. Dios habla y el himno se convierte en el eco musical de su voz.

Ningún otro acontecimiento en la historia del mundo ha producido un coro de canciones tan completo como la resurrección de Cristo de entre los muertos. Ha salido más música de la tumba vacía de José de Arimatea que de todas las salas de conciertos del mundo, desde los albores de la primera civilización. La resurrección fue el suceso. La himnodia es la respuesta de la fe a ese hecho. La historia de la Pascua podría contarse con cierto detalle simplemente uniendo en el orden correcto las líneas y los versos de nuestros himnos clásicos. Tomemos, por ejemplo, el himno latino moderado, pero intensamente gozoso que dice:

La contienda ha terminado, la batalla terminó;
La victoria es del Vencedor;
Ahora empieza el cántico de alabanza:
¡Aleluya!

En esa estrofa tenemos teología pura, con una exhortación y una exclamación añadidas. El resto del himno desarrolla más la doctrina:

Los poderes de la muerte han hecho lo peor,
pero Cristo su legión ha dispersado...
Rompió las cadenas del infierno atadas por las edades;
Cayeron los barrotes de los altos portales del cielo.

A cada uno de estos estribillos se le añade un alegre llamado a la alabanza y la exclamación del aleluya. Este es el mejor himnario. No busca revelar nada; asume que los hechos ya son conocidos y los expone de una manera que hace que la alabanza y el canto sean el resultado natural. Otro himno latino que data del siglo VI, comienza como sigue:

"¡Bienvenida, feliz mañana!" dirá de edad en edad;
El infierno de hoy está vencido; el cielo se gana hoy.
¡El Muerto vive, Dios es para siempre!
A él, su verdadero Creador, todas sus obras lo adoran.

Esto expone la razón teológica que yace tras la alegría de la Pascua. Cristo estaba muerto, pero su muerte no fue un accidente; tampoco fue el resultado de una enfermedad ni de la edad. Murió para vencer al infierno y ganar al cielo para los hombres. Cristo estaba muerto, pero ya no lo está. ¡Aleluya! ¡El Muerto está vivo! ¿Y cómo pueden los creyentes guardar silencio?

Ningún cristiano enseñado por la Biblia puede permitirse vivir esclavo de los días, los tiempos y las estaciones (ver Colosenses 2:16-17; Romanos 14:4-10; 2 Corintios 3:5-18). Esa clase de cristiano sabe que está libre de la ley y que los hermanos judaizantes —que buscan ponerle un yugo en el cuello— no tendrán mucho éxito. Sin embargo, ese cristiano aprecia el valor de un día de cada siete para dedicarlo a la oración y la alabanza. Y dado que Cristo resucitó de entre los muertos el primer día, el hombre amante de la Biblia verá la idoneidad espiritual de ese primer día como el *día de reposo* voluntario del cristiano.

En un gran y amado himno de Christopher Wordsworth, esta idea se presenta con gran belleza y una lógica incontestable.

Después de elogiar al primer día como un "día de descanso y alegría" y un "día de alegría y luz... más hermoso, más brillante", da tres razones firmes para celebrarlo:

> Sobre ti, en la creación,
> nació la luz por primera vez;
> Sobre ti, por nuestra salvación,
> Cristo se levantó de las profundidades de la tierra;
> Sobre ti, Señor nuestro, victorioso,
> El Espíritu enviado del cielo;
> Y así sobre ti, el más glorioso,
> se dio una luz triple.

El primer día nació la luz; el primer día, Cristo resucitó; el primer día descendió el Espíritu Santo. Aunque hay muchas otras verdades que apoyan esto, para un verdadero seguidor de Cristo no se necesitan argumentos más fuertes. El primer día le encantará recordar el triunfo de Cristo; y cada primer día será para él un recordatorio de que Cristo resucitó de las profundidades de la tierra.

Gracias a Dios por la temporada de Pascua, que sirve en cierta medida para centrar la atención de los cristianos en esa gran roca de su fe histórica: "¡Cristo ha resucitado!". Difícilmente podemos darle demasiada importancia. Así que gritamos con el himnólogo:

> ¡Alcen sus alegres voces triunfantes a lo alto, porque
> Jesús ha resucitado y el hombre no morirá!

CAPÍTULO 16

TRABAJE LO OBVIO

Muchos de los que predicamos y proclamamos las inescrutables riquezas de Cristo a menudo somos bastante aburridos y difíciles de escuchar.

El pensamiento más original para acercarse a la mente humana debería ser el que se proyecta en Dios. La historia de la salvación debe llenar de resplandor el rostro del cristiano y hacer que la voz del que la proclama adquiera un tono que conmueva al oyente. Sin embargo, no es raro escuchar que el maravilloso mensaje divino se exprese de una manera que dificulta que el oyente se concentre en lo que se le está diciendo. ¿Qué está mal con eso?

La respuesta convencional es algo como lo siguiente: "Bueno… es que el que habla no está lleno del Espíritu Santo"; sin embargo, eso no nos dice lo suficiente. Muchos de los que son templo y morada del Espíritu Santo —por la gracia de Dios—, al hablar parecen sonar como una música mal ejecutada por unos músicos poco hábiles, en primer lugar.

Es cierto que solo el predicador lleno del Espíritu puede ser moralmente eficaz al fin; pero por el momento solo pensamos en la capacidad de un hablante para atraer la atención de sus oyentes. Y si el hablante no puede mantener a sus oyentes inmediatamente interesados, su mensaje no puede tener un efecto a largo plazo sobre ellos, no importa cuán espiritual sea. Es probable que ninguna otra parte de las Sagradas Escrituras haya sufrido tanto por una exposición aburrida como las epístolas de Pablo. Los escritos en sí mismos son joyas en cuanto a belleza literaria, lírica y musical. Los sermones basados en ellos deben ser "tan sabrosos como morder una manzana fresca". Sin embargo, a menudo son tan decepcionantes como morder una bola de hilo. ¿Por qué?

Tal vez sería una simplificación excesiva nombrar una sola causa como la única responsable de la torpeza de nuestra predicación pero, no obstante, me atrevo a sugerir que un factor muy importante es nuestro hábito de trabajar en lo obvio. (Si algún lector sonriera y dijera: "Eso es lo que hace este artículo", no tengo ninguna defensa que ofrecer. Al menos reconozco mi responsabilidad, por lo que trataré de remediarla).

Al tratar de descubrir la causa de mi aversión al ministerio de ciertos maestros bíblicos evangélicos, he llegado a la conclusión de que el asunto es su hábito incurable de trabajar en lo obvio. Parecen no saber que las verdades elementales repetidas a menudo opacan las facultades espirituales de los santos. Esto es especialmente cierto cuando el maestro insiste en jugar con bloques teológicos, explicando los primeros principios de la doctrina de Cristo aparentemente sin intención de continuar.

La gran mayoría de nuestras conferencias bíblicas están dedicadas a lo obvio. Cada uno de los hermanos (generalmente anunciados como "los más buscados oradores cristianos") recorren las Escrituras para descubrir pasajes adicionales que apoyen la verdad ya conocida y creída por casi la totalidad de sus oyentes. Si el orador puede demostrar que alguna verdad elemental se había escondido en un "tipo" del Antiguo Testamento y no se había advertido antes, es aclamado como un profundo erudito de la Biblia y con entusiasmo se le invita a regresar a la siguiente conferencia del próximo año. Este ensimismamiento en los primeros principios tiene un efecto adverso sobre la iglesia evangélica. Es como si un niño inteligente se viera obligado a permanecer en tercer grado cinco o seis años. La monotonía es demasiado grande. La mente no puede permanecer alerta cuando faltan los elementos sorpresa y la revelación. En lo particular, escucho el sermón ortodoxo promedio con la misma sensación de aburrida frustración que se podría sentir al leer una historia de misterio por duodécima vez.

Nuestra tendencia a repetir en forma interminable media docena de doctrinas básicas es el resultado de nuestra falta de percepción profética y nuestro fracaso en encontrarnos con Dios en una verdadera clase de encuentro en vivo. El conocimiento de Dios presenta un millón de facetas, cada una de las cuales brilla con una nueva y deslumbrante luz. El maestro que vive en el corazón de Dios, lee las Escrituras con cálida devoción, se somete a la disciplina y al escrutinio del Espíritu Santo con el fin de avanzar hacia la perfección, está seguro de que de vez en cuando encontrará nuevos y benditos panoramas de la verdad, tan antiguos como la Biblia. Palabra en sí, pero brillante como el rocío que cae sobre la hierba de la mañana. El corazón que ha visto los lejanos destellos de la verdad avanzada nunca podrá guardar silencio sobre ellos. Sus experiencias se incorporarán a sus sermones de una forma u otra, y sus mensajes llevarán un elemento de sorpresa y deleite completamente ausente de los discursos bíblicos ordinarios que se escuchan en todas partes en estos días.

Algo dentro del corazón del hombre normal se rebela contra el movimiento sin progreso. Sin embargo, esto es precisamente lo que se nos ofrece en la gran mayoría de las iglesias evangélicas. En cuanto a lo doctrinal, esas iglesias se mueven alrededor de un círculo muy delgado y estrecho. Sus maestros les dicen que este círculo abarca toda la tierra de Beulah y les advierten del peligro de buscar algo más.

La enseñanza que consiste enteramente en reiteración no puede dejar de ser aburrida y tediosa; por lo que las iglesias tratan de compensar la fatiga religiosa —que no pueden evitar sentir— introduciendo diversiones extra bíblicas y entretenimientos anti bíblicos para proporcionar a los santos embrutecidos un poco de placer por su tedio. A nadie parece que se le ocurra que hay un verdadero gozo más allá de esa estrategia baladí, no se imaginan que basta con escapar del círculo en que se han metido y mucho menos intentan lanzarse hacia las colinas de Dios.

Traer noticias ya conocidas; presentar textos para probar la verdad que todos creen y nadie discute; ilustrar con historias interminables doctrinas familiares desde hace mucho tiempo; echar una y otra vez los fundamentos del arrepentimiento de las obras muertas y de la fe en Dios: eso es trabajar con lo obvio.

"Por tanto, dejando ya los rudimentos de la doctrina de Cristo, vamos adelante a la perfección" (Hebreos 6:1).

CAPÍTULO 17

HABILIDAD Y RESPONSABILIDAD

"La habilidad implica responsabilidad", escribió el célebre doctor Maclaren.

Esta declaración está en completa armonía con las enseñanzas de las Escrituras, sin embargo, en nuestra relación con Dios y con nuestros semejantes, es muy probable que la olvidemos.

Los seres humanos, en la medida en que son comprensivos y justos, reconocen la capacidad como la medida adecuada de responsabilidad. El ciego no es responsable de ver ni el sordo de oír. Incluso el gobierno más opresivo impone a sus ciudadanos solo los impuestos que juzga que pueden pagar. Exigir más de cualquier hombre es, en definitiva, destruir la habilidad que pueda poseer. Cualquier gobierno que exija a sus ciudadanos más de lo que podrían pagar pronto secaría todo tributo de raíz y se provocaría una destrucción segura.

En un pasaje extraño pero muy significativo de las Sagradas Escrituras, se nos dice que Dios juzga a los hombres de acuerdo a la luz de ellos.

Pues bien, Dios pasó por alto aquellos tiempos de tal ignorancia, pero ahora manda a todos, en todas partes, que se arrepientan. Él ha fijado un día en que juzgará al mundo con justicia, por medio del hombre que ha designado. De ello ha dado pruebas a todos al levantarlo de entre los muertos.

—Hechos 17:30-31

Si, como se dice aquí, Dios "pasó por alto" los tiempos de ignorancia antes de la llegada de Cristo, ¿es demasiado creer que ahora puede "pasar por alto" los lugares donde aún no se sabe que vino? Esto no implica que el hecho de que Dios pasara por alto a los hombres en la antigüedad los eximiera de toda responsabilidad. No, porque siempre está la luz de la naturaleza, así como la luz de la conciencia, y estas se hacen efectivas por "la Luz verdadera, que alumbra a todo hombre que viene al mundo" (Juan 1:9).

Pablo nos aclaró esto cuando escribió: "Todos los que han pecado sin conocer la ley también perecerán sin la ley; y todos los que han pecado conociendo la ley por la ley serán juzgados" (Romanos 2:12). La idolatría es un pecado grave y destructivo sin importar dónde se encuentre; pero la aparición de Jesucristo como la Luz del mundo eliminó cualquier excusa endeble que los hombres pudieran haber tenido y los hizo responsables, de inmediato, de volverse a Dios desde los ídolos. Lo mismo es válido dondequiera que se predique el evangelio. Los paganos no son inocentes por no haber escuchado el evangelio, pero su responsabilidad aumenta enormemente después de haberlo escuchado.

El principio que estamos discutiendo, si bien implica responsabilidad por la verdad recibida, va mucho más allá.

También involucra nuestro dinero, nuestro tiempo, nuestros talentos y nuestras oportunidades.

Los economistas y los políticos en estos días están hablando de nuestro nivel de vida "sin precedentes", nuestros altos ingresos, nuestras comodidades y nuestras enormes cuentas bancarias. A pesar del retraso temporal en el empleo, todo esto es cierto y hasta un grado que no se conoce en ningún otro lugar del mundo.

Como partícipes de una economía próspera, los cristianos no debemos olvidar que la capacidad implica responsabilidad. Tenemos más de lo que tenían nuestros padres y, por lo tanto, podemos hacer más por nuestros semejantes de lo que ellos podrían hacer. Estamos en peligro de pasar por alto eso. Se puede considerar un ingreso mayor de dos maneras: (1) gano más; por lo tanto, puedo gastar más y disfrutar mejor; (2) gano más, por lo tanto, puedo hacer más bien por más personas y ayudar en la evangelización de más tribus y naciones.

Utilizar mayores ingresos para alimentar la carne y disfrutar de mayores lujos es perfectamente natural, y precisamente por eso está mal; eso está de acuerdo con la naturaleza humana caída; esa es la esencia del egoísmo y del pecado. Aceptar un ingreso mayor como medio por el cual podemos acumular tesoros en el cielo está de acuerdo con las enseñanzas de Cristo. Todo cristiano que tenga este problema que afrontar debería considerar en oración su mayor responsabilidad a la luz de su mayor capacidad.

Debe agregarse una palabra también sobre esas habilidades que llamamos tiempo, talentos y oportunidades. Estos no son iguales entre todos los cristianos, por lo que un momento de pensamiento santificado nos llevaría a concluir que los requisitos de Dios no son los mismos para todos. De la oveja más grande, el pastor espera la mayor cantidad de lana, y del árbol más grande, esperamos la mayor cantidad de frutos. Pedro estableció la regla de la responsabilidad individual. "Si alguno habla, hable conforme a las palabras de Dios; si alguno ministra, ministre conforme al poder que Dios da, para que en todo sea Dios glorificado por Jesucristo, a quien pertenecen la gloria y el imperio por los siglos de los siglos" (1 Pedro 4:11 RVR60). Con esto coinciden las palabras de Pablo:

> Por la gracia que se me ha dado, les digo a todos ustedes: Nadie tenga un concepto de sí más alto que el que debe tener, sino más bien piense de sí mismo con moderación, según la medida de fe que Dios le haya dado.
>
> —Romanos 12:3

Algunos cristianos mueren jóvenes; otros permanecen y, como velas altas, se queman hasta el fondo. Los primeros han tenido menos del elemento llamado tiempo, por eso su responsabilidad no será tan grande.

El tamaño de la mente de un hombre, las oportunidades que disfruta y los talentos que ha recibido determinan su responsabilidad para con Dios y sus semejantes. Si bien el tamaño y la cantidad de fruto que produce una vida variarán según el individuo, se espera que la calidad sea igual para todos. Ser santo es el deber y privilegio de todo verdadero cristiano. La habilidad es otra cosa y ambas cosas nunca deben confundirse.

CAPÍTULO 18

CUIDADO CON EL ESPÍRITU ROMÁNTICO EN LA FE

L a mayoría de las personas son, supongo, más o menos románticas en cierto sentido pertinente a esa palabra, por lo que mi observación me lleva a concluir que las personas religiosas probablemente lo sean más de lo que consideramos normal.

Por supuesto, no es la actitud del hombre religioso hacia el sexo opuesto lo que tengo en consideración aquí, sino su actitud hacia la vida en general. Y si alguien dudara de que algo tan excelente como la fe o la religión pueda causar un exceso de algo tan cuestionable como el espíritu romántico, respondo que todo lo bueno tiene sus peligros y que lo mejor puede conducir a lo peor si se lo deja correr con desenfreno, sin examinar y sin dirección alguna.

El hábito romántico de la mente en cuanto a la religión es fácil de identificar. El religioso romántico piensa con los nervios, sustituye los hechos por las palabras, acepta lo irreal con la credulidad de los ojos nublados, confunde desear con creer y piensa que, si una persona se siente virtuosa, de hecho, lo es. El tono amable del canto doxológico o el de la oración del Padrenuestro repetido al unísono surte un efecto maravillosamente tranquilizador en un hombre así. Puede dormir durante el sermón o, si permanece lo suficientemente alerta para escucharlo, nunca lo aplicará a su propia vida de una manera práctica; sin embargo, el cálido sonido de la bendición seguido de la dulce respuesta coral le hace sentir que se ha beneficiado enormemente de su asistencia a la iglesia. Al salir, sonreirá, les dará la mano a los que se le crucen en el camino, felicitará al predicador y seguirá su rumbo sin cambios. Al día siguiente manejará igual de fuerte sus negocios, contará las mismas historias turbias, hará trampa en su impuesto sobre la renta, le gritará al conductor que tiene delante, le ladrará a su esposa, comerá en exceso y, por lo demás, vivirá como el hijo de este mundo que —en efecto— es.

El próximo domingo volverá de nuevo a la iglesia y, es posible que, por algunos momentos experimente la misma sensación radiante de bienestar y buena voluntad en cuanto a las otras personas que ha disfrutado una vez a la semana por muchos años. Sin embargo, a esa persona le es imposible relacionar la fe o la religión con su vida cotidiana. Para él, el cristianismo no tiene nada que ver con la conducta que asume por lo general. Es solo algo agradable como, digamos, una puesta de sol o un masaje sueco, nada más que eso.

Esa actitud romántica no era desconocida en los tiempos bíblicos. El apóstol Juan advirtió con suma claridad en cuanto a una de las manifestaciones de tal sensación cuando escribió:

> Queridos hijos, no amemos de palabra ni de labios
> para afuera, sino con hechos y de verdad. En esto

sabremos que somos de la verdad, y nos sentiremos seguros delante de él.

I Juan 3:18-19

El filósofo del siglo diecinueve, Søren Kierkegaard, dijo con mucha sapiencia que no hay nada en las Sagradas Escrituras en cuanto a amar al hombre en cantidades masivas, solo sobre amar al prójimo como a nosotros mismos. Sin embargo, hay entre nosotros mucha evidencia de amor por la humanidad y poca evidencia de amor por el individuo. La idea de amar a nuestro hermano es algo hermoso siempre que no exija que lo pongamos en práctica con una persona en particular; por tanto, se convierte en una molestia.

Muchos cristianos aman las misiones extranjeras, pero no pueden animarse a amar a los extranjeros en su propio país. Oran tiernamente por el hombre de color que vive en África, pero no lo soportan en su propio patio. Aman a los chinos de Hong Kong y están dispuestos a dar con generosidad para enviar a alguien que los convierta, pero no intentan convertirlos nunca cuando están en una lavandería en la calle principal de su vecindario. Le llevan una flor a su madre en el día de su cumpleaños, pero les parece demasiado inconveniente acogerla en el hogar de ellos, por lo que la llevan de un lugar a otro hasta que está tan enferma y cansada que al fin la pueden enviar a un hospital, o un hogar de ancianos para esperar el día final.

Soy muy consciente de que este tipo de pensamiento se tilda de "negativo" o "cínico" y que la mayoría de los cristianos no están dispuestos a afrontarlo. También fue así en la época del ministerio terrenal de Cristo. Israel se revolcaba en la irrealidad. Las vidas de los sacerdotes y la gente no respaldaban sus palabras. Hablaban de una buena vida pero la de ellos era mala. Nuestro Señor no pudo soportar lo artificial ni lo irreal. La pretensión le resultaba ofensiva dondequiera que la veía, por lo que la enfrentaba con toda claridad y le hablaba de frente. La consecuencia de su habla franca es conocida por los siglos.

Creo que hay algunos cristianos, incluso en estos días con tanta perversidad, que quieren la realidad más que el consuelo y que prefieren escuchar una verdad perturbadora antes que un error reconfortante. Quieren saber con exactitud dónde se encuentran ahora mientras pueden hacer algo al respecto. Están dispuestos a creer lo peor de sí mismos y lo mejor del poder salvador de Cristo. Estos no necesitan refugiarse en la fantasía. Pronto encontrarán la realidad.

CAPÍTULO 19

LA ALEGRÍA VENDRÁ A SU DEBIDO TIEMPO

Podemos conocer nuestro presente con exactitud solo como conocemos nuestro pasado, pasado en el que ocurrió algo vergonzoso y trágico, a saber, la pérdida de nuestro carácter moral y la rebelión contra nuestro Creador. El hecho de que también hayamos perdido nuestra felicidad es de importancia secundaria, ya que no es más que el resultado de nuestra alienación de Dios y no una parte de ella.

La obra principal de Cristo en la redención es justificar, santificar y, en última instancia, glorificar a un grupo de personas rescatadas de la ruina de la raza humana.

Para la conveniencia de cualquiera que no esté familiarizado con las palabras usadas aquí, le explico que *justificar* significa declararse justo ante Dios, *santificar* significa santificarse y glorificar significa —en efecto— rehacer la personalidad entera a la imagen de Cristo. Esto nos capacitará para morar eternamente en ese cielo del que habla la Biblia y que es tanto un estado del ser como un lugar. En ese cielo, los redimidos experimentarán una comunión clara con el Dios Trino; lo cual, en sí mismo, asegurará una pura bienaventuranza.

Acabo de usar la palabra "ruina" y la asocié con la humanidad. Esta no es una forma de hablar ni es un uso extravagante o irresponsable de una palabra. La humanidad está en ruinas, tanto en el aspecto espiritual, como en lo moral y lo físico. La historia y los periódicos e informativos noticiosos dan abundante testimonio de nuestra ruina moral. El largo desfile de dioses, tanto virtuosos como obscenos, y las mil variedades de prácticas religiosas vanas y sin sentido declaran nuestra degeneración espiritual, mientras que la enfermedad, la vejez y la muerte testifican con tristeza la plenitud de nuestra decadencia física.

Habitamos un mundo suspendido a medio camino entre el cielo y el infierno, alienados de uno y aún no abandonados al otro. Somos impíos por naturaleza y en la práctica no somos otra cosa que injustos. Que seamos infelices, repito, tiene poca importancia. Nuestro primer e imperioso deber es escapar de la corrupción que impera en el mundo; así como Lot escapó de la ruina moral de Sodoma. Es de suma importancia para nosotros que busquemos el favor de Dios mientras sea posible encontrarlo y que nos pongamos bajo la autoridad plena de Jesucristo en completa y voluntaria obediencia. Hacer esto es provocar problemas en un mundo hostil e incurrir en la infelicidad que naturalmente puede seguir. Agregue a esto las tentaciones del diablo y una lucha de por vida con la carne y será obvio que tendremos que posponer la mayoría de nuestros goces a un momento más apropiado.

De hecho, en este contexto, nuestro deseo infantil de ser felices se ve como algo moralmente desagradable, absolutamente ajeno al Espíritu del Varón de dolores y contrario a la enseñanza y práctica de sus apóstoles.

Cualquier llamado al público en el nombre de Cristo que no se eleve más que una invitación a la tranquilidad debe ser reconocido como mero humanismo con algunas palabras de Jesús para que parezca cristiano. Pero solo eso es verdaderamente cristiano y acorde con el Espíritu y las enseñanzas de Cristo. Todo lo demás es acristiano o anticristiano, no importa de dónde emane.

¿No es extraño que nos atrevamos sin vergüenza a alterar, a modular las palabras de Cristo mientras hablamos por él a los mismos por quienes murió?

Cristo llama a los hombres a llevar una cruz; nosotros los llamamos a divertirse en su Nombre. Él los insta a abandonar el mundo; nosotros les aseguramos que pueden aceptar a Jesús, pero que el mundo puede recibirlos. Él los insta a sufrir; nosotros los llamamos a disfrutar de todas las comodidades que ofrece la civilización moderna. Él los llama a la abnegación y a entregar sus vidas hasta la muerte. Nosotros los llamamos a extenderse como árboles de laurel verde o incluso a convertirse en estrellas en un lamentable zodíaco religioso de quinta categoría. Él los insta a la santidad; nosotros los llamamos a una felicidad barata y de mal gusto que habría sido rechazada con desprecio por el más pequeño de los filósofos estoicos.

En un mundo como este en el que vivimos, con las condiciones como están, ¿qué debería hacer un cristiano serio, consagrado a Dios y que ame al pecador? La respuesta es fácil de dar, pero difícil de seguir.

Primero, acepte la verdad que le concierne. No se va al médico para buscar consuelo, sino para averiguar qué está mal y qué hacer al respecto. Busque el reino de Dios y su justicia. Busque a través de Jesucristo una relación correcta con su prójimo. Propóngase con reverencia enmendar sus actos. Magnifique a Dios, mortifique la carne, simplifique su vida.

Tome su cruz y aprenda de Jesucristo para que muera con él a este mundo y que él lo resucite a su debido tiempo.

Si hace estas cosas con fe y amor, conocerá la paz, pero será una paz de Dios que sobrepasa todo entendimiento. Conocerá el gozo, pero un gozo que fluye de la resurrección, no la felicidad irresponsable de los hombres que insisten en los placeres carnales. Conocerá el consuelo del Espíritu que mora en usted, que a menudo brotará como un manantial de agua en el desierto, no porque lo haya buscado, sino porque usted ha buscado hacer la voluntad de Dios a cualquier precio.

Como he dicho antes, ahora podemos permitirnos sufrir; tendremos una larga eternidad para divertirnos. Por tanto, nuestro disfrute será válido y puro, porque vendrá de la manera correcta en el momento correcto.

CAPÍTULO 20

LA TEMPLANZA, UNA RARA VIRTUD

S i seleccionara una palabra que, en mi opinión, describa mejor el temperamento del hombre moderno, esa palabra sería "exceso".

En casi todo lo que hacemos, nos excedemos. Siempre estamos creando monstruosidades. Si se mueve, se mueve demasiado rápido; si es alto, es demasiado alto; si hace ruido, el ruido es grotescamente fuerte; si hacemos un automóvil, es casi seguro que será ridículamente grande y llamativo, con mucha más potencia de la necesaria para el transporte que deseamos. Tenemos demasiados teléfonos, demasiadas estaciones de servicio, demasiadas tiendas. Las deudas de cualquier país del orbe son astronómicas, el derroche extraordinario; las carreteras excesivas, demasiado complejas y muy caras. Las vacaciones son demasiado largas y agotadoras. Nuestro intercambio de regalos de Navidad se ha convertido en una tediosa carrera de ratas que no está ni remotamente relacionada con el bendito Adviento. La música que escuchamos por todas partes es tan estridente que nuestros oídos se ahogan en una confusión de melodías inapropiadas. Y no hablemos de la lírica y el contenido de las canciones, son descaradamente insolentes, llenas de sensualidad, incitaciones al sexo y a las aberraciones más horrorosas que mente alguna pueda imaginar.

En un esfuerzo por administrar y dirigir las enormes cantidades de energía, las actividades prodigiosas y las fabulosas comodidades de nuestra gente de hoy, las oficinas laborales se han convertido en templos en los que sus fieles seguidores se convierten en adictos al trabajo y a todo lo que se relacione con ello. Las grandes corporaciones se están saliendo completamente de control y se están volviendo enormes y absorbentes, al punto que para muchos se transforman en una grave amenaza a la salud.

Sin duda estamos fuera de control, puede ser que hayamos llegado al punto sin retorno. Es posible que nunca nos recuperemos de nuestro hartazgo. Debe decirse, sin embargo que somos los únicos que nos destruimos a nosotros mismos por los excesos. Y eso sucede, en el caso de nuestra nación, porque somos lo suficientemente ricos para hacer todo con éxito y para obtener un gran placer del trabajo. Otros se han volado los sesos, consumidos por la angustia que genera la envidia y la desazón de la envidia. Muchas de las naciones que nos miran con horror están simplemente celosas de este país. Sin embargo, ellos harían lo mismo si tuvieran el dinero. Todos somos iguales, después de todo.

Bueno, todo lo que he dicho hasta ahora no es más que una forma coloquial de llegar a una verdad bien conocida: que cuando la humanidad cayó, uno de los efectos de la caída fue la pérdida del control. Esos poderes implantados divinamente dentro del individuo se salieron de control y dejaron sus usos normales para convertirse en sirvientes de la carne y del diablo.

Ha sido obvio para mí que casi todo pecado no es más que un bien natural pervertido o llevado al exceso. El respeto propio se convierte en orgullo; el apetito natural se convierte en glotonería; el sueño se vuelve perezoso; el sexo se pervierte y se convierte en sodomía; el amor degenera en lujuria; la alabanza se convierte en adulación; la determinación se endurece en la obstinación; un amor infantil natural por el juego crece con el hombre y se convierte en un negocio multimillonario en el que decenas de miles de personas sanas desperdician sus vidas jugando para la diversión de los millones de adultos aburridos que están más que dispuestos a trabajar duro para obtener dinero con el objeto de verlos jugar.

Excepto por el hecho de que todo es tan fácil para Dios como cualquier otra cosa, sería apropiado decir que, en su obra de salvar a los hombres, Dios asumió una empresa titánica. Desde nuestro punto de vista inferior, parecería mucho más fácil crear la raza humana que recrearla; parecería mucho menos difícil hacer a un hombre a la imagen divina que rehacerlo a esa imagen después de haber sido estampado con la semejanza del pecado. Pero dado que Dios tiene todo el poder para lograr los propósitos concebidos por toda la sabiduría que existe, podemos aliviarnos de cualquier ansiedad. El celo del Señor de los ejércitos hará esto.

El problema que Dios enfrentó en la redención es múltiple. Cómo cuadrar la cuenta moral para que Dios sea justo y el Justificador de los que creen; cómo reconciliar al hombre consigo mismo; cómo recrear un espíritu humano permitiendo que permanezcan todas las cualidades esenciales; cómo habitar una personalidad sin desplazarla; cómo trabajar en el corazón del hombre creyente, volverlo hacia la justicia y aún dejar libre la voluntad humana; estos son algunos de los problemas, para nosotros imposibles, pero para Dios no solo posibles, sino fáciles de arreglar, sin esfuerzo alguno.

La cuestión del control entra aquí, porque si la obra de redención ha de ser completa, nuestra propensión básica hacia la perversión y el exceso debe revertirse. Todos nuestros poderes deben ser santificados y puestos bajo la dirección del Espíritu. Desde su trono en el corazón del creyente, Cristo debe imperar sobre todo el reino del alma humana con todos sus recintos y recovecos. La antigua maldición de la desmesura y el exceso debe ser destruida.

Por esta razón, la hermosa palabra *templanza* aparece estratégicamente en la teología del Nuevo Testamento. La templanza es el timonel que controla el poderoso barco mientras surca el mar con todas las partes trabajando en armonía. La templanza es aquello en la vida del cristiano que pone todas las facultades en armonía entre sí y hace que la personalidad se ponga de acuerdo con el plan de Dios para todo el hombre. En una vida así dirigida, no puede haber lugar para los excesos.

Es necesario agregar dos cosas. Una es que la templanza no es automática. Se incluye entre los frutos del Espíritu, pero requiere oración, lectura de la Biblia, llevar la cruz, disciplina ardua, obediencia y abnegación antes de que pueda convertirse en un elemento fijo del carácter cristiano.

La segunda es que un hombre o una mujer en Cristo que ha logrado un verdadero autocontrol puede y debe esperar estar muy en desacuerdo con el mundo. Los seres humanos dados al exceso no se mostrarán amables con el alma templada y llena del Espíritu que vive entre ellos. Después de su muerte, pueden construir su sepulcro o nombrar una universidad en su honor, pero eso será un poco tarde para esa persona. Lo pasó mal mientras vivió.

CAPÍTULO 21

LOS PELIGROS DE LA ESTIMULACIÓN EXCESIVA

E s bien sabido que la vida se desarrolla mediante la simple interacción de estimulación y respuesta. La luz estimula el ojo para ver, las ondas sonoras estimulan el oído para oír, la comida estimula los procesos digestivos y así en todo el cuerpo.

Nuestras emociones también requieren estimulación para desencadenarlas. El llanto de un niño que sufre, por ejemplo, puede despertar sentimientos incontrolables de lástima en el corazón de la madre y estimularla a que cuide al pequeño de manera rápida y tierna.

Toda la personalidad humana, incluido lo físico, lo mental y lo espiritual, tiende a permanecer inactiva hasta que los estímulos apropiados la despiertan a la acción. Así es como Dios nos hizo, y mientras todo se mantenga en el equilibrio adecuado, nuestras vidas seguirán su camino con normalidad.

La estimulación es buena; sin embargo, el exceso de ella —o lo que se conoce como sobreestimulación— es un mal real que produce todo tipo de daño físico y mental. La sobreestimulación se ha convertido en los últimos años en una parte reconocida de nuestra civilización. De hecho, ahora es una parte necesaria de ella. El edificio moderno que llamamos nuestra forma de vida se derrumbaría si no fuera sostenido por la presión de una estimulación anormal. El corazón palpitante de nuestra economía es la producción y venta de bienes de consumo. Es probable que la persona promedio sea un comprador lento a menos que la publicidad de alta presión lo obligue a comprar. De ahí las grandes cantidades gastadas cada año y los métodos engañosos usados para persuadir al público a comprar. Creo que hemos llegado a un punto en que la sociedad actual debe estimularse de manera excesiva para evitar una depresión grave. Si se quita la presión, es probable que las ventas se reduzcan lo suficiente como para provocar el caos en la economía mundial.

¿Es la sobreestimulación, entonces, algo bueno para la sociedad de hoy? Solo de la misma manera que la droga es buena para el adicto convicto o un trago de licor es bueno para el alcohólico. Lo que quiere decir que no es nada bueno, sino simplemente necesario debido al estado insalubre del paciente.

La tendencia a la estimulación excesiva se ve en todas partes. El entretenimiento que una vez satisfizo a la gente, ahora no incita nada más que al aburrimiento; por eso surgen cada día más formas novedosas de captar la atención de las personas y encadenarla a un distracción que las inutiliza. Las páginas teatrales de los diarios hormiguean con palabras como "tentación", "suspenso", "desconcierto", "aterrador", "explosivo". Los medios de comunicación masiva y las redes sociales han cautivado la mente de los más débiles, que son la gran mayoría de los que habitamos este mundo.

La publicidad desenfrenada no tiene límites a la hora de vender sus productos, tanto que se ha llegado al punto de convertir algo que puede ser tan inocuo como la promoción de un artículo en grotescas exposiciones de perversión que ofenden hasta a los más liberales de ayer.

Este tipo de cosas, en diversos grados, se encuentran también en nuestros automóviles, muebles, libros, arte, música, ropa y —en definitiva— en nuestros hogares; en nuestras propias narices.

Toda esa estimulación excesiva evidencia la adicción emocional masiva a la droga que los esclaviza, sea esta en forma de estupefaciente o de cualquier otra modalidad. La gente ha perdido la capacidad de disfrutar el ocio sanamente; ha perdido la capacidad de pensar y hasta de conectarse con sus almas. Deben estar constantemente estimulados por agentes externos para que les haga la vida más llevadera. Sería interesante y hasta deprimente saber cuántas amas de casa palpitan y se estremecen cada día con las alegrías y las tristezas artificiales de los personajes ficticios con los que se han llegado a identificar emocionalmente casi tan de cerca como con los miembros de sus propias familias.

Mis palabras están dirigidas a las almas regeneradas que son lo suficientemente humildes como para estar dispuestas a aprender y lo suficientemente hambrientas como para querer hacerlo. No tengo la menor esperanza de que ningún político, economista o publicista preste atención a mi advertencia, incluso si lo que escribo cayera por accidente en sus manos. Es poco probable que los lectores de *Vanity Fair* escuchen las palabras de un cristiano. Están bajo el control de "la mentalidad pecaminosa [que] es enemiga de Dios, pues no se somete a la ley de Dios, ni es capaz de hacerlo" (Romanos 8:7).

Sin embargo, el cristiano necesita estímulo. Esto lo enseña la Biblia con gran claridad y franqueza, como en pasajes como los siguientes: "Por eso te recomiendo que avives la llama del don de Dios que recibiste cuando te impuse las manos" (2 Timoteo 1:6). "Exhortaos unos a otros cada día" (Hebreos 3:13 RVR1960). Cada llamado al arrepentimiento, cada exhortación a avanzar en la vida espiritual, tiene el propósito de despertar el corazón perezoso para buscar a Dios y su justicia. Cristo mismo se sintió "movido a compasión" (Mateo 14:14) cuando vio las multitudes hambrientas. La visión macedonia de Pablo fue dada para estimular la acción misionera. Los así llamados pasajes exhortatorios del Nuevo Testamento están escritos para inspirar la obediencia moral.

La sobreestimulación, sin embargo, siempre es perjudicial. Ciertos grupos religiosos muy emocionales parecen completamente incapaces de seguir adelante a menos que se despierten a un alto nivel de estimulación nerviosa que, dicho sea de paso, confunden con los movimientos del Espíritu Santo. Por serio que sea, sigo creyendo que es más sincero y menos dañino que ese nuevo tipo de fundamentalismo libertino que solo puede existir mediante estímulos externos de alto voltaje. Muchos de esos grupos anuncian, en la actualidad, servicios misioneros como simples "espectáculos misioneros". Estos amigos equivocados simplemente no ven la evidente incongruencia entre esos métodos y los legítimos del Nuevo Testamento.

Ningún cristiano debería necesitar otro estímulo que no sea el que es proporcionado por la Palabra de Dios, el Espíritu Santo que mora en nosotros y la oración. Estos, junto con las abrumadoras necesidades del mundo perdido, deberían proveer toda la estimulación normal. Cualquier cosa más allá de eso es innecesaria y puede ser peligrosa.

CAPÍTULO 22

EL SIGNIFICADO DE LA NAVIDAD

"¡En todas partes, en todos los lugares, esta noche es Navidad!"

—Phillips Brooks

Que en el mundo se multiplicaran millones que nunca habían oído hablar de la Navidad no le importaba a nuestro poeta para el propósito de su poema. Él estaba expresando un hecho emocional, no estadístico. En todo el mundo occidental tendemos a seguir al poeta y acercarnos a la Navidad de forma emocional más que objetivamente. Es el romance de la Navidad lo que le da su atractivo extraordinario para ese número relativamente pequeño de personas de la población mundial que la celebran con regularidad.

Estamos tan completamente cautivados por la emoción de este festival de mediados de invierno que es probable que olvidemos que su atractivo romántico es lo menos significativo. La teología de la Navidad se pierde con demasiada facilidad bajo los envoltorios alegres de los obsequios, pero aparte de su significado teológico, en realidad no tiene ninguno. Media docena de villancicos doctrinalmente sólidos sirven para mantener viva la gran verdad profunda de la Encarnación, pero aparte de eso, la música popular de Navidad carece de toda verdad real y duradera. El juglar barato que ni siquiera sabe cantar, el folclore comercializado con el cautivador simbolismo del desenfreno carnal y la mediocridad rampante que corrompe las tradiciones más lindas de nuestros pueblos se han apoderado bastante bien de las poesías y las canciones navideñas. Todo eso, junto con el alegre y viejo San Nicolás, han desplazado la teología cristiana de la Navidad.

No debemos olvidar que la iglesia es la salvaguarda de una verdad tan severa y urgente que no se puede exagerar su importancia, y tan vasta e incomprensible que ni siquiera un apóstol trató de explicarla; más bien brotó de él como una exclamación de asombro lo que sigue:

> No hay duda de que es grande el misterio de nuestra fe: Él se manifestó como hombre; fue vindicado por el Espíritu, visto por los ángeles, proclamado entre las naciones, creído en el mundo, recibido en la gloria.
>
> —1 Timoteo 3:16

Esto es lo que la iglesia está tratando de decirle a la humanidad, pero su voz en estos días es muy frágil, muy débil y apenas se escucha en medio del estruendo comercial del conocido estribillo de "Noche de paz".

Parece extraño que tantas personas se entusiasmen con la Navidad y tan pocas se detengan a profundizar en su significado; pero supongo que ese extraño fenómeno concuerda mucho con nuestro desafortunado hábito humano de magnificar las trivialidades e ignorar los asuntos de mayor importancia. El mismo hombre que revisará sus neumáticos y la mecánica de su auto con sumo cuidado antes de emprender un viaje que puede abarcar toda la vida —por un camino que no conoce retorno— no sabe qué hacer con los tornillos que le sobraron y, sin embargo, usted lo hace digno de su confianza. Usted pone la seguridad de los suyos y la de usted en manos de un peligroso personaje. La ingenuidad insensata puede tener un precio muy elevado. Eso ocurre con la Navidad y con todo aquello que el Dios de la gloria le da al hombre para su cuidado y su disfrute.

El mensaje de Navidad, cuando está despojado de sus matices paganos, es relativamente simple: Dios ha venido a la tierra en forma de hombre. En torno a este único dogma gira toda la cuestión del significado. Dios vino o no; ha venido o no y la vasta acumulación de nociones sentimentales y prácticas románticas que componen nuestra Navidad moderna no pueden dar evidencia de un lado ni del otro.

Ciertos maestros religiosos de la época apostólica se negaron a creer que Jesús era en realidad Dios hecho carne. Estaban dispuestos a agotar el lenguaje de la adulación para describir su gloriosa hombría, pero no querían tener nada que ver con su deidad. Su filosofía básica les prohibía creer que alguna vez podría haber una unión entre Dios y la carne humana. La materia, decían, es esencialmente maligna. Dios, que es impecablemente santo, nunca podría permitirse el contacto con el mal. La carne humana es materia, por tanto, Dios no ha venido en carne.

En verdad, no sería difícil refutar esta enseñanza negativa. Uno solo necesitaría demostrar el error de la premisa principal, la pecaminosidad esencial de la materia, y todo colapsaría.

Pero eso sería comparar la razón con la sazón y sacar el misterio de la piedad del reino de la fe para convertirlo en una mera filosofía religiosa más. Entonces tendríamos el racionalismo con un ligero barniz cristiano. ¿Cuánto tiempo se requirió antes de que el barniz se desvaneciera y solo tuviéramos racionalismo?

Si bien la fe contiene un elemento de razón, es esencialmente moral más que intelectual. En el Nuevo Testamento, la incredulidad es un pecado, y esto no podría ser así si la fe no fuera más que un veredicto basado en la evidencia. No hay nada irracional en el mensaje cristiano, pero su atractivo no es principalmente para la razón. En un momento específico en un lugar determinado Dios se hizo carne, pero la trascendencia de Cristo sobre la conciencia humana no es histórica; es íntima, directa y personal.

La venida de Cristo al pesebre de Belén estuvo en armonía con el hecho principal de su presencia secreta en el mundo en tiempos preencarnados como la Luz que ilumina a todo hombre. El resultado de las enseñanzas del Nuevo Testamento sobre esto es que las afirmaciones de Cristo se validan a sí mismas y serán rechazadas solo por aquellos que aman el mal. Siempre que se predica a Cristo en el poder del Espíritu, se erige un tribunal; por lo que cada oyente debe ser juzgado por su respuesta al mensaje. Su responsabilidad moral no es una lección de historia religiosa, sino la Persona divina que ahora se enfrenta a él.

"¡En todas partes, en todos los lugares, esta noche es Navidad!". Pero la Navidad significa más de lo que se supone popularmente o no significa nada. Será mejor que decidamos.

CAPÍTULO 23

UNA MIRADA HACIA ATRÁS Y OTRA HACIA ADELANTE

Un popular escritor francés sugirió cierta vez que se necesitan poderes intelectuales cercanos al genio para escapar a la ilusión de los aniversarios.

Al no poseer tales poderes, solo puedo observar con nostalgia la enormidad mental que habita en tal bonanza ilimitada y ajustarme, de una u otra forma, a la danza de los astros. Sé bastante bien que a la medianoche del 31 de diciembre no sucederá nada inusual excepto en mi cabeza y en las cabezas de otros como yo. *Pensaré* en un nuevo año que es nuevo solo porque los hombres lo han llamado así arbitrariamente, y sentiré que estoy pasando por encima de una línea que en verdad no existe ni remotamente. Todo será imaginario y, sin embargo, no puedo escapar a la fascinación que produce ese acontecimiento.

Los judíos comienzan el Año Nuevo en una fecha y los cristianos en otra, y no podemos olvidar que el calendario se ha modificado bastante desde que los hombres empezaron a contar el tiempo por años. Aun así, la observación del Año Nuevo es útil si nos persuade a reducir la velocidad y dejar que nuestras almas se pongan al día. Y creo que ese es el valor real de los servicios nocturnos de vigilancia. Podríamos hacer lo mismo cualquier noche, pero no es probable que lo hagamos, por lo que podemos aprovechar el servicio de Año Nuevo para examinar nuestras vidas y pedirle a Dios fortaleza para hacerlo mejor en el futuro de lo que lo hemos hecho en el pasado. Si bien la mirada hacia atrás debe ser inquisitiva y objetiva, también debe ser breve ya que, como dijo recientemente un ministro afroamericano en mi audiencia: "Es difícil escalar una montaña mirando hacia atrás". Un vistazo rápido por encima del hombro es bueno, porque nos tranquilizará y nos recordará que algún día debemos dar cuenta de las acciones realizadas en el cuerpo.

Para algunos de nosotros, el año que dejamos atrás fue uno en el que no nos desempeñamos con mucha nobleza como cristianos, considerando el poder infinito que tenemos a nuestra disposición a través del Espíritu que mora en nosotros. Sin embargo, debido a la bondad de Dios, podemos ir a la escuela de nuestros fracasos. El hombre de mente iluminada aprenderá de sus errores, sí, incluso de sus pecados. Si su corazón es confiado y arrepentido, puede ser un mejor hombre el año que viene por culpa del año pasado, pero que no vuelva a la locura. El arrepentimiento debe ser radical y completo. Es más, el mejor arrepentimiento por un acto incorrecto, como dijo Fenelon, es no volver a hacer ese acto. Charles Wesley llamó a Faraón "un penitente en vano" porque se arrepentía bajo la presión de cada plaga que padecía, pero volvía a pecar tan pronto como la plaga era eliminada.

Cuando tratamos de evaluar nuestra conducta durante el año que pasó, debemos tener cuidado en cuanto a evitar incurrir en dos grandes errores: el primero es ser demasiado bondadoso con nosotros mismos y el segundo es ser demasiado duros.

Al contrario de lo que escuchamos constantemente, sobre todo en labios de ciertos hermanos entusiastas y decididamente empeñados en el avivamiento de acuerdo a su idea particular, no siempre prestamos servicio a Dios azotándonos a nosotros mismos. El flagelante evangélico que piensa en agradar a Dios castigándose a sí mismo está tan lejos de la verdad, aunque en otra dirección, como el rabino que con toda seriedad declara: "Si hay dos justos en el mundo, somos mi hijo y yo; si hay uno, soy yo".

Exigirnos demasiado a nosotros mismos es admitir en forma tácita que tenemos al menos cierto grado de confianza en nuestra habilidad moral nativa y, por supuesto, también es admitir que nuestra confianza en Dios es correspondientemente débil. El hombre que se conoce a sí mismo de manera profunda no esperará nada de sí mismo y no se decepcionará cuando no produzca.

El hermano Lawrence expresó la sabiduría moral más elevada cuando testificó que si tropezaba y caía, se volvía de inmediato a Dios y decía: "Oh Señor, esto es lo que puedes esperar de mí si me dejas solo". Luego aceptó el perdón, agradeció a Dios y no se preocupó más por el asunto. El maestro Eckhart, conocido por su obra como teólogo y filósofo, dijo que cuando nos elevamos por encima del pecado y nos alejamos de él, Dios actuará como si nunca hubiéramos pecado y nunca dejará que nuestros pecados pasados cuenten en nuestra contra, porque él es un Dios del presente y toma al hombre como lo encuentra, sin tener en cuenta su pasado. Por supuesto, todo eso presupone un verdadero arrepentimiento y fe, y está escrito no para minimizar el pecado sino para magnificar la gracia.

Tanto para el año pasado; pero ¿qué pasa con el año que viene? Bueno, se dice que hay tres mil promesas en las Sagradas Escrituras y todas son nuestras si sabemos qué hacer con ellas. Para el cristiano no hay territorio inexplorado. "Cuando saca sus propias ovejas, va delante de ellas". La huella de la oveja obediente siempre se encuentra dentro de la huella más grande del Pastor.

Es absolutamente imposible para nosotros saber lo que tenemos al frente, pero es posible conocer algo mucho más importante. Un pintoresco aunque piadoso predicador de una generación pasada lo dijo por nosotros. "Abraham salió sin saber a dónde iba", indicó, "pero sabía quién iba con él". No podemos saber con certeza el qué y el adónde de nuestro peregrinaje terrenal, pero podemos estar seguros de quién va con nosotros. Y nada más importa realmente.

COMENTE CANTANDO

Los comentarios bíblicos, como todo el mundo sabe, son libros escritos por los comentaristas y comentarista es alguien que comenta lo que Dios ha dicho, con la esperanza de hacernos entender lo que Dios quiso decir.

Un comentario bíblico puede ser bueno si sabemos cómo emplearlo, pero puede ser perjudicial si no lo sabemos usar. Su utilidad radica en esto, que proporciona material de fondo que el cristiano promedio no puede reunir por sí mismo y, por lo tanto, a menudo resulta una verdadera ayuda en el estudio de la Biblia.

Sin embargo, un comentario de esa clase no siempre es una bendición. Por lo general, tienen al menos tres graves debilidades. Una es que pronto se les reconoce como una "autoridad". Dejemos que los escritos de un hombre sean citados con la frecuencia suficiente y que el individuo esté muerto cierto tiempo, y es probable que sus lectores agradecidos lo canonicen y que sus escritos tengan una posición oracular ante el público cristiano. El pronunciamiento de un comentarista venerado a menudo ejerce sobre la mente de un protestante un dominio tan tiránico como el de una bula papal sobre la conciencia de un católico.

Otra desventaja de esa clase de obras comentadas es que tiende a destruir el arte de la meditación. Nos resulta más fácil internarnos en el comentario que meditar larga y amorosamente sobre un pasaje difícil, esperando a que se apague la luz. Este hábito de tomar el camino rápido e indoloro hacia el conocimiento es particularmente malo para el ministro, ya que a menudo lo envía al púlpito con una armadura prestada. Incluso si lo que aprendió es cierto, lo obtuvo mediante consulta y no a través de la meditación; por lo que es casi seguro que la calidad del conocimiento adquirido se verá afectada.

Una tercera debilidad del comentario, o al menos del hábito de usar obras comentadas, es que contribuye a la uniformidad de la creencia no solo en los principios teológicos principales, lo que es deseable, sino en los de menor trascendencia, que no lo son. Dejemos que cien predicadores se apoyen en Matthew Henry o Adam Clarke. Luego, que cada predicador sea escuchado por quinientos feligreses cada domingo durante un año. Resultado: habrá miles de cristianos que aceptan como verdad divina las opiniones religiosas de dos hombres buenos y sabios; opiniones que pueden, en primer lugar, no haber sido más que conjeturas fundamentadas. Y sin embargo, a pesar de esos inconvenientes, los comentarios constituyen una herramienta buena y útil para que cualquier cristiano que desee consultarlos.

Los comentarios estándar en su mayor parte, proveen una lectura bastante pesada. Casi siempre caminan y si de vez en cuando corren, nunca corren rápido ni lejos, y rara vez montan con alas como las águilas. Por esa razón, recurro con frecuencia y con considerable placer al comentario poético de Charles Wesley, una obra modesta de solo mil cien páginas, impresa en Londres en la última década del siglo dieciocho.

Wesley admite que muchos de sus pensamientos provienen de otros individuos, pero una profunda reverencia lo impregna todo, y un amor resplandeciente por Dios y la Palabra inspirada respira en cada página. Es posible en una obra tan pequeña tocar solo los altos y resplandecientes picos de la verdad, por lo que el comentario está lejos de ser completo; pero a menudo el himnólogo pone en una sola estrofa un comentario alegre que, si no es tan informativo, es muy estimulante para la imaginación religiosa. Ofrezco aquí algunos ejemplos tomados de la sección del libro del Éxodo.

Cuando Dios le dijo a Moisés que fuera ante Faraón y le exigiera la liberación de Israel, Moisés suplicó: "Oh mi Señor, no soy elocuente" (Éxodo 4:10). Veamos a continuación un comentario de Wesley,

> ¡Cuán listo está para partir el hombre a
> quien Dios nunca ha enviado!
> ¡Cuán temeroso, tímido y lento es
> Su instrumento elegido!

Sobre el complicado problema de Dios endureciendo el corazón de Faraón, Wesley ofrece esta interpretación,

> No era necesario, Señor, ningún acto tuyo,
> si el faraón tuviera un corazón como el mío:
> basta un momento solo,
> y el mío, ¡ay, se convierte en piedra!

Se han escrito cientos de páginas con laboriosa prosa sobre este asunto que no decía tanto o simplemente lo decía.

Wesley creía en la libertad de la voluntad, pero también vio la necesidad de una obra previniente de la gracia divina en el corazón antes de que el hombre perdido pueda arrepentirse. De una manera característica en él, transfirió la impenitencia de Faraón a sí mismo:

> ¡Tal es la terquedad del hombre!
> ¡Tan profundo en mí yace el mal!
> Castigado mil veces en vano,
> todavía me levanto contra tus juicios;
> No todos tus juicios pueden convertir
> a este pecador ni quitar este pecado,
> a menos que lo encuentres en tu corazón.
> Ablandar la mía perdonando el amor.

Qué fácil es leer sin provecho la dramática historia del Éxodo; pero en el comentario musical de Wesley todo lo que sucedió allí tiene un significado para el cristiano. Por ejemplo, todo el asunto de que Dios convirtiera el agua de Egipto en sangre deja de ser un problema para nublar la mente y convertirse en un resplandor para el corazón. Las palabras "Las aguas ... se convirtieron en sangre" reciben este feliz comentario:

> Convirtió su agua en sangre,
> Cuando la venganza fue su temible designio:
> Pero gracias al Dios encarnado,
> ¡Convirtió nuestra agua en vino!

CAPÍTULO 25

NUESTRA IMPERFECTA VISIÓN DE LA VERDAD

El alma del hombre, dice Matthew Arnold, es un espejo suspendido de una cuerda, que gira con cada brisa, que refleja siempre lo que está delante de él, pero que nunca irradia más que una pequeña parte del todo.

El tamaño del espejo varía de un hombre a otro, pero nadie es capaz de comprender el vasto panorama que se extiende ante nosotros y a nuestro alrededor. El gigante mental tiene un espejo más grande, sin duda, pero incluso el más grande es patéticamente pequeño.

Mientras sepamos que nuestra visión de la verdad es parcial, podemos conservar esa humildad mental apropiada a las circunstancias; pero una vez tengamos la noción de que nuestra visión es total hemos de volvernos intelectualmente intolerantes. Si estamos convencidos de que el nuestro es el único punto de vista sensato, nuestra capacidad de aprender muere al instante.

Ninguno de nosotros debería imaginarse que tiene una visión perfecta de la verdad. El ojo que puede ver toda la verdad a la vez sin distorsión seguramente no se encontrará en este mundo de hombres caídos; de hecho, puede haber razones para cuestionar si tal ojo existe incluso entre los santos de arriba. También es dudoso que se conceda tal perfección a los redimidos en el estado glorificado, aunque las palabras de Pablo: "Ahora conozco de manera imperfecta, pero entonces conoceré tal y como soy conocido" (1 Corintios 13:12), nos da razón para creer que, en la redención del cuerpo, nuestro conocimiento aumentará enormemente. Sin embargo, está claro que esto no puede significar conocimiento absoluto. Solo puede haber un Absoluto. La infinitud es un atributo que Dios no puede compartir con sus criaturas. "Conocer como se nos conoce" probablemente significa no "tan plenamente como se nos conoce", sino más bien "conocer por experiencia directa".

Alguien ha propuesto la teoría de que las denominaciones religiosas son el resultado de diferencias de temperamento entre los que componen el cuerpo más grande de cristianos; que los nuevos creyentes tienden a buscar el compañerismo de aquellos cuyas creencias y énfasis peculiares crean un clima más agradable a su propio temperamento.

Esa es una hipótesis interesante, pero difícilmente da cuenta de todos los hechos. Una denominación no es más que "la sombra alargada de un hombre", y el hombre cuya sombra es debe haber tenido poderosas convicciones con respecto a ciertas verdades particulares o no habría fundado la denominación, en primer lugar. Aquellos que nacen en la denominación adoptan sus puntos de vista sin darse cuenta de que hay otros. El inconformista religioso que (como este escritor) se convirtió a Cristo en un hogar no religioso sin preferencia o prejuicio denominacional es probable que se adhiera a la primera y más cercana comunión cristiana que se e presente.

Es probable que el nuevo convertido sienta la necesidad de recibir instrucción, por lo que beberá todo lo que escuche desde cualquier púlpito, aceptando no solo las doctrinas sino también los énfasis aunque sean personales. Pronto hablará el idioma de su grupo y lo hablará con su acento. Entonces juzgará la espiritualidad y la ortodoxia de todos los demás cristianos tanto por el acento como por el idioma mismo.

Por desdicha, adoctrinar a un nuevo cristiano a menudo no es más que darle un curso completo de verdad parcial con la comprensión tácita de que eso es todo lo que hay. Estoy seguro de que no es nuestra intención hacer eso, pero es lo que sucede con demasiada frecuencia. Por supuesto, la estrechez, la intolerancia y el fanatismo resultan de esto con tanta certeza como un roble de una bellota.

He visto el lema "En lo esencial, unidad; en lo no esencial, caridad", y he buscado su encarnación en hombres e iglesias sin encontrar nada de eso; una de las razones es que los cristianos no pueden ponerse de acuerdo sobre qué es y qué no es esencial. Cada uno cree que su fragmento de verdad es esencial y el de su vecino no lo es, lo cual nos hace volver al punto de partida.

La unidad entre los cristianos, en mi opinión, no se logrará sin la Segunda Venida de Cristo.

Hay demasiados factores que actúan en contra de ella. Pero se podría lograr un mayor grado de unidad si todos nos acercáramos a la verdad con una humildad más profunda. Nadie lo sabe todo, ni santo ni erudito ni reformador ni teólogo. Incluso Salomón con toda su gloria debe haber pasado por alto algo.

También podría ayudarnos a recordar que la verdad ocurre tanto en singular como en plural. Hay en las Sagradas Escrituras verdades y grandes verdades, todas inspiradas y todas provechosas, pero lo cierto es que no todas son igualmente claras. Grandes y buenos hombres han diferido sobre el significado de ciertos textos, pero todos sirvieron a su generación por la voluntad de Dios y durmieron. Cristo no dijo: "Yo soy las verdades", sino "Yo soy ... la verdad" (Juan 14:6). Él reúne en sí mismo todas las verdades y las grandes verdades. Conocerlo es conocer la Verdad por experiencia propia, pero no es conocer todas las verdades en la comprensión intelectual. Tengamos cuidado en cuanto a no ver una verdad en la Palabra y confundirla con la Verdad. Hay una gran diferencia.

Siempre ha sido una fuente de gran deleite para mí, descubrir los himnos de los calvinistas Watts, Newton y Cowper en el himnario editado por John Wesley, el arminiano. Y no pocos de los himnos wesleyanos están relacionados con los himnos de Isaac Watts publicados ya en 1823.

Cuando Wesley se estaba muriendo, según dicen, trató de cantar, aunque su voz casi se le había ido. Alguien se inclinó sobre su cama y escuchó que susurraba, con sus labios, las palabras del himno de Watts:

> Alabaré a mi Hacedor mientras respire,
> Y cuando mi voz se disipe en la muerte,
> La alabanza usará mis poderes más nobles.

Los puntos delicados de la teología no eran importantes en ese momento.

CAPÍTULO 26

EL ÉNFASIS
DE LA PASCUA

A riesgo de parecer más que un poco repetitivo, quiero volver a instar a los cristianos a que consideremos los énfasis doctrinales que adoptamos.

Si queremos conocer el poder de la verdad, debemos enfatizarlo. La verdad intrínseca del credo es el carbón inerte que yace en las profundidades de la tierra esperando ser liberado. Sáquelo, colóquelo en la cámara de combustión de algún motor enorme, y la poderosa energía que estuvo dormida por siglos generará luz y calor, de manera tal que la maquinaria de esa gran fábrica entre en el proceso productivo a toda carrera. La teoría del carbón nunca hizo girar una rueda ni calentó una hoguera. El poder debe liberarse para que sea efectivo.

En la obra redentora de Cristo se pueden señalar tres épocas principales: su nacimiento, su muerte y su posterior ascensión a la diestra de Dios. Estos son los tres pilares principales que sostienen el templo del cristianismo; sobre ellos descansan todas las esperanzas de la humanidad, por el mundo sin fin. Todo lo demás que él hizo toma su significado de estos tres hechos divinos.

Es imperativo que creamos todas estas verdades, pero la gran pregunta es dónde poner el énfasis. ¿Qué verdad debería, en un momento dado, recibir el acento más agudo? Se nos exhorta a mirar a Jesús, pero ¿dónde miraremos? ¿A Jesús en el pesebre? ¿En la cruz? ¿En el trono? Estas preguntas están lejos de ser académicas. Es de gran importancia práctica para nosotros que obtengamos la respuesta correcta.

Por supuesto, debemos incluir en nuestro credo todo eso: el pesebre, la cruz y el trono. Todo lo que está simbolizado por estos tres objetos debe estar presente a la mirada de la fe; todo ello es necesario para una comprensión adecuada del evangelio. Ningún principio de nuestro credo debe ser abandonado ni incluso alterado, ya que cada uno está unido al otro por un vínculo vivo. Pero si bien toda la verdad debe mantenerse inviolable en todo momento, no todas las verdades deben ser enfatizadas en todo momento por igual con todas las demás. Nuestro Señor lo indicó cuando habló del "mayordomo fiel y prudente a quien su señor deja encargado de los siervos para repartirles la comida a su debido tiempo" (Lucas 12:42).

María dio a luz a su Hijo primogénito, lo envolvió en pañales y lo acostó en un pesebre. Los sabios acudieron a adorar, los pastores se maravillaron y los ángeles entonaron cánticos de paz y buena voluntad para los hombres. En conjunto, esta escena es tan castamente hermosa, tan atractiva, tan tierna, que no se encuentra nada parecido en la literatura del mundo. No es difícil ver por qué los cristianos han tendido a poner tanto énfasis en el pesebre, la virgen de ojos sumisos y el niño Jesús. En ciertos círculos cristianos, se hace hincapié en el niño en el pesebre. Por qué esto es así es comprensible, pero el énfasis, no obstante, está fuera de lugar.

Cristo nació para llegar a ser hombre y se hizo hombre para poder "dar su vida en rescate por muchos" (Mateo 20:28). Ni el nacimiento ni la muerte fueron fines en sí mismos. Así como nació para morir, murió para expiar y resucitar con el fin de justificar gratuitamente a todos los que se refugian en él. Su nacimiento y su muerte son historia. Su aparición en el propiciatorio no es una historia pasada, sino un hecho presente y continuo, para el cristiano instruido, el hecho más glorioso que su confiado corazón pueda albergar.

Esta temporada de Pascua podría ser un buen momento para corregir nuestro énfasis. Recordemos que en el pesebre hay debilidad, en la cruz hay muerte y en el trono hay poder. Nuestro Cristo no está en un pesebre. De hecho, la teología del Nuevo Testamento en ninguna parte presenta al niño Jesús como un objeto de fe salvadora. El evangelio que se detiene en el pesebre es otro evangelio y no constituye ninguna buena noticia. La iglesia que todavía se reúne alrededor del pesebre solo puede ser débil y solo tiene los ojos nublados, por lo que confunde la sentimentalidad con el poder del Espíritu Santo.

Así como ya no hay niño en el pesebre de Belén, tampoco hay hombre en la cruz de Jerusalén. Adorar al bebé en el pesebre o al hombre en la cruz es revertir el proceso redentor de Dios y hacer retroceder el reloj de sus propósitos eternos. Dejemos que la iglesia ponga su mayor énfasis en la cruz y solo habrá pesimismo, tristeza y remordimiento infructuoso. Que muera un enfermo abrazado a un crucifijo y ¿qué tenemos ahí? Dos hombres muertos en una cama, ninguno de los cuales puede ayudar al otro.

La gloria de la fe cristiana es que el Cristo que murió por nuestros pecados resucitó para nuestra justificación. Debemos recordar su nacimiento con gozo y reflexionar con gratitud en su muerte, pero la corona de todas nuestras esperanzas está con él a la diestra del Padre.

Pablo se glorió en la cruz y se negó a predicar nada excepto a Cristo y a él crucificado, pero para él la cruz representaba toda la obra redentora de Cristo. En sus epístolas, Pablo escribe sobre la encarnación y la crucifixión, sin embargo, no se detiene en el pesebre ni en la cruz, sino que constantemente arrastra nuestros pensamientos hacia la resurrección y hacia arriba, hacia la ascensión y el trono.

"Todo poder me es dado en el cielo y en la tierra" (Mateo 28:18), dijo nuestro Señor resucitado antes de que subiera a lo alto, de manera que los primeros cristianos le creyeron y salieron para difundir su triunfo. "Con gran poder dieron testimonio a los apóstoles de la resurrección del Señor Jesús, y gran gracia fue sobre todos ellos" (Hechos 4:33).

Si la iglesia cambiara el énfasis que hace en la debilidad del pesebre y la muerte de la cruz, y se enfocara en la vida y el poder del Cristo entronizado, tal vez podría recuperar su gloria perdida. Vale la pena intentarlo.

CAPÍTULO 27

LAS ENSEÑANZAS DE CRISTO SON PARA LOS CRISTIANOS

Ahora se habla de que, si el mundo ha de escapar de la aniquilación total o cercana, debe acudir en busca de ayuda a la ética de Jesús. El argumento es algo como lo que sigue:

En el siglo pasado y en el que va corriendo, el hombre ha dado un salto adelante en los logros científicos, pero se ha quedado muy atrás en cuanto a lo moral, con el resultado de que ahora es técnicamente capaz de destruir al mundo y moralmente incapaz de contenerse de hacerlo. A menos que las naciones de la tierra se imbuyan del espíritu de paz y buena voluntad, es muy probable que algún político gatillo alegre dispare su nuevo rifle apuntando al depósito de municiones y haga estallar el mundo.

Debido a que el vertedero está repleto de residuos tóxicos y explosivos nucleares, cualquier posibilidad de que los humanos que escapen del gran golpe salgan a propagar una raza de mutantes subhumanos, sin pelo, desdentados y deformados es absolutamente posible. Los guionistas que escriben y dibujan las historietas de terror hacen que veamos esas trágicas víctimas del elemento químico estroncio, noventa siglos después, arañando los escombros retorcidos de lo que una vez fue Nueva York o Londres, emitiendo gruñidos simiescos, totalmente inconscientes del significado de los fragmentos de historia que recogen y desechan con impaciencia.

Nadie con una pizca de piedad humana puede pensar en los efectos de la guerra nuclear sin sentir un aborrecimiento absoluto por tal cosa y la más profunda compasión por aquellos que en algún momento pueden verse atrapados en un infierno de fuego. En este, la inhumanidad ancestral del individuo hacia el hombre seguramente habrá alcanzado —a través del ingenio de la ciencia moderna— la cúspide de todos los espantos posibles.

Sin embargo, los cristianos seríamos insensatos si nos dejáramos llevar por las ominosas predicciones de los incrédulos. Sabemos bastante bien que la energía nuclear es teóricamente capaz de acabar con todas las formas de vida en este planeta, incluida la humanidad. Pero también sabemos que tal catástrofe nunca ocurrirá. Además, sabemos que la Tierra nunca estará habitada por una raza degenerada de mutantes extrahumanos provocados por enormes sobredosis de radiación.

Primero, las Sagradas Escrituras nos dicen lo que nunca podríamos aprender de otra manera: nos dicen qué somos, quiénes somos, cómo llegamos aquí, por qué estamos aquí y qué debemos hacer mientras permanezcamos aquí. Ellas trazan nuestra historia desde el principio hasta el presente y en los siglos y milenios venideros. Nos remontan hasta la era atómica, a través de la era espacial y hasta la edad de oro. Revelan que en el momento apropiado la dirección del mundo será quitada de los hombres y puesta en manos del Hombre que es el único que tiene la sabiduría y el poder para gobernarlo.

Omito aquí deliberadamente los detalles. Estos se dan en plenitud satisfactoria en los escritos de los santos profetas y apóstoles así como en las palabras de Cristo dichas mientras aún estaba entre nosotros. La única gran verdad que enfatizaría aquí es que después de que los señores de la guerra hayan disparado su último misil y lanzado su última bomba, todavía habrá hombres vivos que habiten este globo. Después de que el mundo haya pasado por la picadora de carne del Armagedón, la tierra seguirá habitada por hombres; no por fenómenos biológicos, sino por personas reales como usted y como yo.

Si el mundo puede escapar a la aniquilación con solo adoptar la ética de Jesús, también podemos resignarnos a la explosión inevitable, porque una gran parte de la población de la tierra está controlada por comunistas cuya ideología básica es violentamente anticristiana y está decidida a extirpar todo rastro del cristianismo de entre ellos. Otros bloques grandes no son cristianos y están decididos a seguir siéndolo. Occidente, es cierto, habla de labios para afuera de cristianismo, pero el egoísmo, la codicia, la ambición, el orgullo y la lujuria rigen a los gobernantes de estas tierras casi a una sola voz. Aunque de vez en cuando hablarán bien de Cristo, la calidad total de su conducta deja pocas dudas de que no están muy influenciados por sus enseñanzas.

La esperanza de que las naciones acepten la ética de Jesús, se desarmen y vivan como hermanos es completamente irreal e ingenua. En primer lugar, las enseñanzas de Jesús nunca se destinaron a las naciones del mundo. Nuestro Señor envió a sus seguidores a todo el mundo para hacer y bautizar discípulos. A esos discípulos se les debía enseñar a observar los mandamientos de Cristo. Se convertirían así en un grupo minoritario, un pueblo peculiar, en el mundo pero no pertenecientes a él, a veces tolerado pero más a menudo despreciado y perseguido. Y la historia demuestra que esto es exactamente lo que sucedió donde los grupos de personas tomaron el evangelio en serio.

Esperar de las naciones que han nacido una sola vez una conducta posible solo para los seguidores de Cristo regenerados, purificados e inspirados en el Espíritu es confundir la verdad del cristianismo con la esperanza de lo imposible. En las Escrituras, las naciones de la tierra son simbolizadas por el león, el oso y el leopardo. Los cristianos, en marcado contraste, son comparados con ovejas pacíficas en medio de lobos, que logran sobrevivir solo manteniéndose cerca del Pastor. Si la oveja no actúa como el oso, ¿por qué deberíamos esperar que el oso actúe como la oveja?

Sería bueno que nosotros los cristianos escucháramos menos a los comentaristas de noticias y más la voz del Espíritu. Y los profetas inspirados resultarán un excelente antídoto para los científicos sin inspiración.

CAPÍTULO 28

EL DECLIVE DE LA BUENA LECTURA

Los hábitos de lectura del cristiano evangélico promedio en nuestro mundo actual, hasta donde he podido observar, son tan terriblemente malos que en realidad detienen el desarrollo espiritual del creyente individual y bloquean el progreso de la fe que profesa tener.

Tan poderoso es el efecto de la página impresa sobre el carácter humano que la lectura de buenos libros no es solo un privilegio sino una obligación, y la lectura habitual de libros pobres o mediocres una tragedia real.

Por supuesto, no me refiero aquí a la publicación de la prensa amarillista. Creo que podemos asumir con seguridad que ningún verdadero cristiano se inclinaría a leer las obscenidades literarias que se encuentran en cualquier tienda de la esquina del barrio o en la biblioteca del vecindario. Por libros "pobres" me refiero a la basura religiosa que, en estos días, las diversas editoriales arrojan bajo el nombre de cristianos. Cada año se producen toneladas de este material para satisfacer un mercado que una producción anterior ha contribuido en gran medida a crear.

Esta basura religiosa es mayormente ficción y tiene tres fines: ayuda a engordar la cuenta bancaria del "novelista" evangélico que la escribe; mantiene a los editores en el negocio y alimenta los apetitos depravados, o al menos subdesarrollados, de los semicristianos que encuentran difícil la lectura seria pero que lame el pábulo desnaturalizado de la prensa con tanta avidez como la leche de un gatito. Y si se me permitiera elegir, estaría de acuerdo con el gatito, porque la leche es a la vez sabrosa y nutritiva, mientras que la novela religiosa promedio carece por completo de nutrientes y solo la encuentran apetecible aquellas personas cuyas papilas gustativas han sido deformadas por la exposición prolongada a la literatura cristiana que, a decir verdad, no es ni cristiana ni literatura.

Si un cristiano se apartara y leyera un libro malo en secreto, sería igual al estudiante universitario que lee una novela barata oculta en su libro de geografía, uno podría esperar que más tarde se arrepienta y deje el corral de cerdos por la casa del padre; pero ¿qué vamos a decir cuando los libros malos se conviertan en parte del plan de estudios aprobado para los cristianos evangélicos en casi todas las iglesias? ¿Qué podemos hacer cuando los libros de un nivel mental que no supera los nueve años son aclamados como obras maestras y reciben críticas entusiastas en la prensa religiosa? ¿Qué vamos a decir cuando nuestros escritores religiosos de la actualidad cuentan melodramáticas historias de amor y escalofriantes aventuras con algo de diálogo piadoso intercalado entre tórridos abrazos de amor o artificialidades erráticas para santificar su narrativa lo que, de otra manera, sería una producción totalmente maligna?

Como no tiene apremio de ningún tipo por la lectura edificante, el público cristiano lee con naturalidad lo que le agrada, lo que se le antoja o lo que le sugiera un "mentor" espiritual; de lo que se infiere que le encanta la literatura religiosa pobre. Si la conciencia protesta contra la pérdida de tiempo y energías que implica la adicción crónica a las trivialidades literarias, pronto se ve subvertida por el argumento de que prácticamente todo el mundo aprueba esas cosas, casi todas las editoriales religiosas las producen y todas las librerías las venden. Por tanto, ¿qué posibilidades tiene una conciencia débil frente a tan tremendas probabilidades?

Todo esto concuerda con la falsa corriente filosófica que nos invade en la actualidad y que sostiene que leer algo religioso es mejor que nada, por lo que seguimos produciendo mediocridades literarias, insípidas, amateur, analfabetas y dedicadas a la proposición de que todo vale, aunque solo sea alguna parte del libro en la que alguien haga hincapié en que todo el mundo debería nacer de nuevo. No importa cuán imposible sea el estilo y la sustancia del libro, si de vez en cuando se menciona un punto relevante del evangelio, los líderes evangélicos lo bendecirán con su *imprimatur* y su *nihil obstat*. De hecho, no es exagerado decir que la literatura religiosa analfabeta se ha convertido ahora en el sello distintivo del evangelismo. Es lamentable que nos contentemos con dejar la calidad al católico y al liberal.

¿Por qué el cristiano del evangelio de hoy encuentra la lectura de grandes libros casi más allá de él? ¿Es la capacidad intelectual del evangélico de hoy inferior a la de su progenitor espiritual de hace doscientos años?

La respuesta a la primera pregunta es algo complicada, pero la segunda puede responderse fácil y correctamente con un enfático no. Los poderes intelectuales no disminuyen de una generación a otra. Somos tan inteligentes como nuestros antepasados. Cualquier pensamiento que puedan tener ellos lo podemos tener en cuenta si estamos lo suficientemente interesados como para hacer el esfuerzo.

La principal causa del declive de la calidad de la literatura cristiana actual no es intelectual; es espiritual. Disfrutar de una gran obra religiosa requiere un grado de consagración a Dios y un desapego del mundo que pocos cristianos modernos han experimentado. Los primeros padres cristianos, los místicos, los puritanos, no son difíciles de entender, pero habitan en las tierras altas donde el aire es fresco y enrarecido, donde nadie más que los enamorados de Dios pueden acudir.

En vez de escalar la montaña, optamos por cavar nuestras cuevas poco profundas a unos pocos metros sobre el suelo del valle. Nuestros estados de ánimo y emociones espirituales se degradan. Comemos y bebemos y nos levantamos para jugar. Tomamos nuestra instrucción religiosa en forma de historias, y cualquier cosa que requiera meditación nos aburre. Mientras los escritores y editores contribuyen a nuestra negligencia al proporcionarnos suficiente vacuidad religiosa para satisfacer nuestro apetito carnal.

¡Oh, amados hermanos, nuestra boca está abierta para ustedes, nuestro corazón está ensanchado!

"Ocúpate en la lectura" (1 Timoteo 4:13 RVR1960).

CAPÍTULO 29

EL
VÍA CRUCIS

" **L**as cosas han llegado a un buen final", dijo un famoso inglés con cierta irritación y claro sarcasmo, "cuando se permite que la religión interfiera en nuestra vida privada". A lo que podemos responder que las cosas han empeorado mucho cuando un hombre inteligente que vive en un país protestante puede hacer tal observación. ¿Será que ese hombre nunca leyó el Nuevo Testamento? ¿Será que nunca oyó hablar de Esteban, Pablo o Pedro? ¿Será que no pensó nunca en los millones que siguieron alegremente a Cristo y sufrieron una muerte violenta, repentina o prolongada, porque permitieron que su religión interfiriera con sus vidas privadas?

Debemos, sin embargo, dejar que ese hombre considere su propia conciencia y acuda a su Juez, mientras nosotros observamos nuestros propios corazones. Quizás él expresó con franqueza lo que algunos de nosotros sentimos en secreto. ¿Cuán radicalmente ha interferido nuestra religión con el pulcro patrón de nuestras propias vidas? Quizás sea mejor que respondamos esa pregunta primero.

Durante mucho tiempo he creído que el hombre que rechaza la fe cristiana francamente es más respetado ante Dios y los poderes celestiales que el hombre que finge aceptar la fe cristiana, pero se niega a someterse a su dominio total. El primero es un enemigo manifiesto, el segundo un falso amigo. Este último será el que va a ser arrojado de la boca de Cristo; y la razón no es difícil de entender.

Hay una imagen de un cristiano que representa a un hombre que lleva una cruz a cuestas. "Si alguien quiere ser mi discípulo, que se niegue a sí mismo, lleve su cruz cada día y me siga" (Lucas 9:23). El hombre de la cruz ya no controla su destino; perdió el control cuando optó por su cruz. Esa cruz se convirtió de inmediato para él en un interés absorbente, una interferencia abrumadora. No importa lo que desee hacer, solo hay una cosa que puede hacer; es decir, avanzar hacia el lugar de la crucifixión.

El hombre que no tolera la interferencia no está obligado a seguir a Cristo. "Si alguien quiere", dijo nuestro Señor, y así liberó a todo hombre y colocó la vida cristiana en el ámbito de la elección voluntaria.

Sin embargo, ningún hombre puede escapar a esa interferencia. La ley, el deber, el hambre, los accidentes, los desastres naturales, la enfermedad, la muerte, todo se entromete en sus planes y, a la larga, no hay nada que pueda hacer al respecto. La larga experiencia con las groseras necesidades de la vida ha enseñado a los hombres que tarde o temprano les impondrán esas interferencias, para que aprendan a aceptar lo inevitable. Aprenden cómo permanecer dentro del estrecho camino circular del conejo donde se encuentra la menor interferencia. Los más atrevidos pueden desafiar al mundo, agrandar un poco el círculo y así aumentar el número de sus problemas, pero nadie invita a los problemas en forma deliberada. La naturaleza humana no está construida de esa manera.

La verdad es una gloriosa pero dura amante. Ella nunca consulta, negocia, transige ni se compromete. Ella clama desde la cumbre de los lugares altos: "Elijan mi instrucción en lugar de la plata y el conocimiento antes que el oro puro" (Proverbios 8:10, NTV). Después de eso, todo hombre está solo. Puede aceptar o rechazar, recibir o menospreciar lo que le plazca; y no habrá ningún intento de coerción, aunque está en juego todo su destino.

Deje que un hombre se enamore de la Sabiduría Eterna y disponga su corazón a conquistarla, y él mismo se encargará de una búsqueda a tiempo completo y apasionante. A partir de entonces, tendrá espacio para un poco más. A partir de entonces, toda su vida estará llena de búsquedas y descubrimientos, repudio propio, disciplinas fuertes y muertes diarias mientras es crucificado para el mundo y el mundo para él.

Si este fuera un mundo sin caída, el camino de la verdad sería suave y fácil. Si la naturaleza del hombre no hubiera sufrido una gran dislocación moral, no habría discordia entre el camino de Dios y el del hombre. Asumo que en el cielo los ángeles viven mil serenos milenios sin sentir la menor discordia entre sus deseos y la voluntad de Dios. Pero no es así entre los hombres de la tierra. Aquí "el hombre natural no percibe las cosas que son del Espíritu de Dios" (1 Corintios 2:14 RVR1960); "Porque el deseo de la carne es contra el Espíritu, y el del Espíritu es contra la carne; y estos se oponen entre sí" (Gálatas 5:17, RVR60). En ese concurso solo puede haber un resultado. Debemos rendirnos y Dios debe salirse con la suya. Su gloria y nuestro bienestar eterno requieren que así sea.

Otra razón por la que nuestra fe debe interferir con nuestra vida privada es que vivimos en el mundo, el nombre bíblico de la sociedad humana. El hombre regenerado ha sido separado interiormente de la sociedad como Israel fue separado de Egipto en el cruce del Mar Rojo. El cristiano es un hombre celestial que vive temporalmente en la tierra. Aunque en espíritu esté separado de la raza de los hombres caídos, aún debe vivir en la carne entre ellos. En muchas cosas se parece a ellos, pero en muchas otras se diferencia tan radicalmente de ellos que no pueden dejar de verlo y resentirse. Desde los días de Caín y Abel, el hombre de la tierra ha castigado al hombre del cielo por ser diferente. La larga historia de persecución y martirio lo confirma.

Sin embargo, no debemos tener la impresión de que la vida cristiana es un conflicto continuo, una lucha ininterrumpida e irritante contra el mundo, la carne y el diablo. Mil veces no. El corazón que aprende a morir con Cristo pronto conoce la bendita experiencia de resucitar con él, y todas las persecuciones del mundo no pueden calmar la alta nota de gozo santo que brota en el alma que se ha convertido en la morada del Espíritu Santo.

CAPÍTULO 30

SE NECESITA: UNA REFORMA DENTRO DE LA IGLESIA

La primera mirada de la iglesia debe dirigirse a Cristo, que es su Cabeza, su Señor y su Todo.

Después de eso, la iglesia debe ser "egoísta" y considerar al mundo con un equilibrio adecuado entre los dos.

Por egoísmo no me refiero a egocéntrico. Quiero decir que la iglesia debe examinarse a sí misma constantemente para ver si está en la fe (ver 2 Corintios 13:5); debe emprender una autocrítica severa con una disposición alegre para hacer las paces; debe vivir en perpetua penitencia, buscando a Dios con todo su corazón; debe comparar constantemente su vida y conducta con las Sagradas Escrituras y ajustar su vida a la voluntad de Dios.

Con respecto al mundo quiero decir que la iglesia debe saber por qué está aquí en la tierra; debe reconocer su deuda con toda la humanidad (ver Romanos 1:14-15); debe tomar en serio las palabras que su Señor expresó cuando dijo: "Vayan por todo el mundo y anuncien las buenas nuevas a toda criatura" (Marcos 16:15) y "Serán mis testigos tanto en Jerusalén como en toda Judea y Samaria, y hasta los confines de la tierra" (Hechos 1:8).

La tarea de la iglesia es doble: difundir el cristianismo por todo el mundo y asegurarse de que el cristianismo que difunde sea del tipo puro del Nuevo Testamento.

En teoría la semilla, como la Palabra de Dios, debería producir el mismo tipo de fruto pese a la condición espiritual de quienes la esparzan; pero no funciona de esa manera. El mismo mensaje predicado a los paganos por hombres de diferentes grados de piedad producirá diversos tipos de convertidos y resultará en una calidad de cristianismo que varíe según la pureza y el poder de los que lo predican.

El cristianismo siempre se reproducirá a sí mismo según su especie. Una iglesia mundana y no espiritual, cuando cruza el océano para dar su testimonio a pueblos de otras lenguas y culturas, seguramente producirá en otras orillas un cristianismo muy parecido al suyo.

No solo la Palabra desnuda, sino el carácter del testigo determinan la calidad del convertido. La iglesia no puede hacer más que trasplantarse a sí misma. Lo que ella es en una tierra, lo será en otra. Una manzana común y corriente no se convierte en una manzana dorada al ser transportada de un país a otro. Dios ha escrito su ley profundamente en toda la vida; todo debe producir según su especie.

La popular noción de que la primera obligación de la iglesia es difundir el evangelio hasta los confines de la tierra es falsa. Su primera obligación es ser espiritualmente digna de difundirlo. Nuestro Señor dijo "Ve" (Mateo 28:19), pero también dijo "Espera" (Hechos 1:4), y la espera tenía que venir antes que la partida. Si los discípulos hubieran salido como misioneros antes del día de Pentecostés, habría sido un desastre espiritual abrumador, porque no podrían haber hecho más que hacer convertidos a su propia semejanza, lo que habría alterado y empeorado toda la historia del mundo occidental con consecuencias a lo largo de los siglos por venir.

Difundir una marca de cristianismo decadente y degenerado en tierras paganas no es cumplir el mandamiento de Cristo ni cumplir nuestra obligación con los paganos. Las siguientes palabras de Jesús atormentan mi alma: "Porque recorréis mar y tierra para hacer un prosélito, y una vez hecho, le hacéis dos veces más hijo del infierno que vosotros" (Mateo 23:15 RVR1960).

Ganar a los hombres del judaísmo de entre las naciones gentiles fue en conjunto algo bueno y correcto. Miles de felices convertidos se ganaron para la religión de Moisés durante los años de ascendencia espiritual de Israel; pero en la época de Cristo, el judaísmo se había hundido tanto que su esfuerzo misionero produjo un daño real en vez de un bien.

Parecería lógico que una iglesia subnormal e impotente no participara en la actividad misionera pero, insisto, los hechos contradicen la teoría. Sin embargo, los grupos cristianos que hace mucho tiempo perdieron todo rastro de fuego moral continúan creciendo en casa y reproduciéndose en otras tierras. En efecto, apenas surge una secta marginal o un culto herético en estos días y al poco tiempo está disfrutando de un éxito asombroso entre los pueblos atrasados del mundo.

En los últimos años, el ala evangélica de la iglesia se ha convertido en un referente mundial en un grado notable. En los últimos veinte años, la actividad misionera evangélica en el extranjero se ha intensificado enormemente. Pero hay en todo eso una peligrosa debilidad. Esa debilidad es la suposición ingenua de que solo tenemos que llegar a la última tribu con nuestra marca de cristianismo y el mundo ha sido evangelizado. Esta es una suposición que no nos atrevemos a hacer. El cristianismo evangélico, al menos en el hemisferio occidental, está ahora trágicamente por debajo del estándar del Nuevo Testamento. La mundanalidad es una parte aceptada de nuestra forma de vida. Nuestro estado de ánimo religioso es social más que espiritual. Hemos perdido el arte de la adoración. No estamos produciendo santos. Nuestros modelos son empresarios de éxito, deportistas célebres y personalidades teatrales. Llevamos a cabo nuestras actividades religiosas según los métodos del marketing moderno. Nuestras casas se han convertido en teatros. Nuestra literatura es superficial y nuestros himnos rozan el sacrilegio. Y a casi nadie parece importarle. Debemos tener una mejor clase de cristiano pronto o dentro de otro medio siglo es posible que no tengamos un verdadero cristianismo, en absoluto. No basta con un mayor número de semicristianos. Debemos tener una reforma.

CAPÍTULO 31

LOS PELIGROS DE LA LIBERTAD EXCESIVA

L a libertad no tiene precio y, donde está presente, casi cualquier tipo de vida es agradable. Cuando está ausente, la vida nunca se puede disfrutar; solo se puede soportar.

Aunque millones han muerto en defensa de la libertad y aun cuando sus elogios están en la boca de todos, sus defensores la han malinterpretado trágicamente y la han herido de gravedad en el ámbito de sus amigos. Creo que la dificultad radica en nuestra incapacidad para distinguir la liberación de la libertad, que de hecho son hermanas, aun cuando no gemelas idénticas.

La liberación es libertad en el marco de ciertos límites: liberación para obedecer las santas leyes, liberación para guardar los mandamientos de Cristo, para servir a la humanidad, para desarrollar al máximo todas las posibilidades que laten dentro de nuestras naturalezas redimidas. Sin embargo, la verdadera libertad cristiana no nos libera nunca para complacer nuestros deseos, nuestros caprichos ni para que sigamos los impulsos de la condición caída de nuestro ser.

El deseo de obtener una libertad absoluta causó la caída de Lucifer y provocó la destrucción de los ángeles que pecaron. Estos buscaron la libertad para hacer lo que se les antojara y, para conseguir su objetivo, despreciaron y desecharon la hermosa libertad que implicaba la autonomía para hacer la voluntad de Dios. A lo que se sumó la humanidad al seguirlos en su trágico error moral.

Para cualquiera que se tome la molestia de meditar un poco, debería ser evidente que en el universo no existe la libertad absoluta. Solo Dios es libre. La libertad del ser humano es inherente a su condición de criatura, ya que está limitada por la voluntad del Creador y la naturaleza de la creación. La gloria del cielo radica en el carácter de la libertad que disfrutan los que lo habitan. Esos "millares y millares de ángeles ... asamblea gozosa ... iglesia de los primogénitos ... espíritus de los justos que han llegado a la perfección" (Hebreos 12:22-23) están en libertad de cumplir todos los amplios propósitos de Dios; libertad que les asegura un grado de felicidad infinitamente mayor que lo que podría lograr la libertad incondicional.

La libertad incondicional en cualquier ámbito de la vida humana es mortal. En el gobierno está representada por la anarquía, en la vida doméstica es el amor libre y en la religión es el antinomianismo. Las células más libres del cuerpo son las cancerosas, pero son las mismas que matan al organismo donde crecen. Una sociedad sana requiere que sus miembros acepten una libertad limitada. Cada uno debe restringir su propia libertad para que todos puedan ser libres. Esta ley se extiende por todo el universo creado, incluido el reino de Dios.

La libertad en exceso debilita todo lo que toca. El grano de trigo solo puede dar fruto si renuncia a su libertad y se entrega a las leyes de la naturaleza. El pájaro petirrojo puede volar todo el verano disfrutando de su libertad, pero si quiere un nido lleno de polluelos debe sentarse varias semanas en cautiverio voluntario mientras el misterio de la vida se gesta bajo sus suaves plumas. El ave tiene ante sí una elección: ser libre y estéril o restringir su libertad y dar a luz a sus hijos.

Todo hombre en una sociedad libre debe decidir si explotará su libertad o la restringirá con fines inteligentes y morales. Puede asumir la responsabilidad de un negocio, de dirigir una familia y, por tanto, ser útil a sus propios fines o puede evitar todas las obligaciones y terminar en un callejón sin salida. El vagabundo es más libre que el presidente o el rey, pero su libertad sin medida también representa su propia perdición. Mientras vive, permanece socialmente estéril; y cuando muere, no deja nada para alegrar al mundo de haber vivido.

El cristiano no puede escapar al peligro de la libertad excesiva. Ciertamente es libre, pero su misma libertad puede resultarle una fuente de verdadera tentación. Está libre de las cadenas del pecado, libre de las consecuencias morales de los actos malvados —ahora perdonados—, libre de la maldición de la ley y del desagrado de Dios. La gracia le ha abierto la puerta de la prisión y, como el Barrabás de antaño, camina en libertad porque hubo otro individuo que murió en lugar de él.

Todo esto lo sabe el cristiano instruido —el verdadero creyente en Cristo—, por lo que se niega a permitir que los falsos maestros y los religiosos descarriados le impongan un yugo de esclavitud en el cuello. Pero, ahora bien, ¿qué hace ese cristiano con su libertad? Hay dos opciones a su disposición. Puede aceptar la libertad ganada por la sangre de Cristo —que es como un manto para la carne—, como declara el Nuevo Testamento que algunos han hecho o puede arrodillarse como un camello que recibe su carga en forma espontánea. Pero

¿cuál es esa carga? Los males que padecen sus semejantes, los cuales él debe hacer lo que pueda para aliviarlos; la deuda que él, junto con Pablo, tiene con el mundo perdido; el clamor de los niños hambrientos llorando en la noche; la iglesia en el cautiverio babilónico; la rápida avalancha de las falsas doctrinas y el aparente éxito de los falsos profetas; la lenta decadencia de los cimientos morales de las llamadas naciones cristianas y cualquier otra cosa que exija abnegación, carga de la cruz, largas vigilias de oración y testimonio valiente para aliviar y corregir.

Es importante saber que el cristianismo es la religión de la libertad y que, por otro lado, la democracia es la libertad en la sociedad organizada; pero si seguimos malinterpretando esta libertad, es posible que pronto no tengamos ni cristianismo ni democracia. Para proteger la libertad política, los hombres libres deben imponerse una obligación voluntaria; para preservar la religión de la salvación por gracia gratuita, una gran cantidad de cristianos deben renunciar a su derecho a ser libres y asumir una carga mayor que la que nunca antes habían llevado.

Cuando está en peligro, el estado puede reclutar hombres para luchar por su libertad, pero en el ejército de las huestes del Señor no existe el reclutamiento. Para llevar una cruz, el cristiano debe tomarla por su propia voluntad. Ninguna autoridad puede obligarnos a alimentar a los hambrientos ni a evangelizar a los perdidos ni a orar por un avivamiento ni a sacrificarnos por la causa de Cristo y la humanidad que sufre.

El cristiano ideal es aquel que sabe que es libre de hacer lo que quiera y lo que quiere es ser sirviente de los demás. Este es el camino que tomó Cristo; dichoso el hombre que lo sigue.

CAPÍTULO 32

LOS DÍAS DE NUESTROS AÑOS

E s probable que pocos días después de que estas palabras aparezcan impresas, el año viejo de nuestro Señor habrá pasado para sumarse a la larga procesión de años y siglos que avanzan hacia las sombras de un pasado que ya no puede volver.

En el año que acaba de terminar, el mundo ha estado escribiendo la historia, no solo con tinta, sino con sangre y muchas lágrimas; no en la tranquilidad del estudio, sino en medio de la violencia, el terror y la muerte que impera en las calles de las ciudades y en las fronteras de las naciones; mientras que otra historia —más tierna pero más significativa— se ha escrito a través de las asombrosas y poderosas hazañas humanas al enviar objetos hechos por el hombre para rodear la luna y el sol, para alunizar en la superficie de ese satélite e incluso para estudiar al sol y para posar sus pies en el planeta Marte.

Lo más importante, sin embargo, es que cada uno de nosotros también ha estado escribiendo historia. Que la iglesia haya hecho historia no es tan significativo como que usted y yo lo hagamos. Lo que hace un grupo solo es posible porque los individuos se han dedicado a trabajar. Una empresa no puede funcionar como negocio, ni será juzgada como tal, si alguien no aporta a su funcionamiento. Pablo, por inspiración, señaló al individuo y lo puso de pie solo para recibir juicio:

Su obra se mostrará tal cual es, pues el día del juicio la dejará al descubierto. El fuego la dará a conocer, y pondrá a prueba la calidad del trabajo de cada uno. Si lo que alguien ha construido permanece, recibirá su recompensa, pero, si su obra es consumida por las llamas, él sufrirá pérdida. Será salvo, pero como quien pasa por el fuego.

—1 Corintios 3:13-15

Y otra vez,

Porque es necesario que todos comparezcamos ante el tribunal de Cristo, para que cada uno reciba lo que le corresponda, según lo bueno o malo que haya hecho mientras vivió en el cuerpo.

—2 Corintios 5:10

En ese día no habrá ningún escondite entre la multitud. Cada uno irá llevando su propio libro de historia bajo el brazo. Así que deberíamos cerrar el libro del año que recién acaba de terminar; lo veremos de nuevo.

A cada uno lo suficientemente dichoso como para vivir el año pasado completo, Dios le habrá dado 365 días divididos en 8.760 horas. De esas horas, 2.920 se habrán gastado durmiendo y aproximadamente la misma cantidad en el trabajo. Se nos ha dado un número igual para gastar en preparación reverente para el momento en que los días y los años cesen y el tiempo no sea más. Qué oración podría ser más apropiada espiritualmente que la de Moisés, el hombre de Dios —el libertador del pueblo hebreo—, que expresó: "Enséñanos a contar bien nuestros días, para que nuestro corazón adquiera sabiduría" (Salmos 90:12).

Es importante recordar que todos nuestros días nos llegan por pura misericordia de Dios, que —en realidad— son inmerecidos, sin privilegios —por parte nuestra— y, me temo que, en su mayoría menospreciados. A causa del pecado, nuestras vidas corren peligro; Dios no nos debe nada. La campana que resuena anunciando la muerte de un año que pasa podría sonar con justicia para indicar el fin de nosotros en esta tierra. Solo por la infinita bondad de Dios todavía estamos vivos para vernos la cara. Cada año es un regalo de gracia y cada día una bonificación inmerecida.

Creo que es típico de nosotros que demos por sentado que nos merecemos los días que disfrutamos por la sola misericordia de Dios. Al inicio de cada año solemos decir: "Este puede ser el último", por lo que decidimos enmendar nuestras vidas; pero antes de que hayan pasado algunos días, olvidamos nuestras resoluciones y volvemos con intrepidez y arrogancia a dejarnos engañar por la aparente prodigalidad con la que nuestros días nos son entregados, plenos de bien y desbordados de bendiciones. Pero todas las cosas tienen un final. El cántaro va demasiado a menudo al pozo; el árbol viejo hace frente a demasiadas tormentas y cae con gran estrépito sobre la colina; el corazón más fuerte al fin se debilita y se detiene balbuceando.

Es probable que haya sido al final del año cuando Moisés pronunció aquella oración afligida pidiendo sabiduría para saber qué hacer con sus días; y fue en su vejez que Jacob se presentó ante Faraón y confesó:

Mis años de andar peregrinando de un lado a otro han sido pocos y difíciles, pero no se comparan con los años de peregrinaje de mis antepasados.

—GÉNESIS 47:9

Esos eran hombres sabios, disciplinados, experimentados, familiarizados con los caminos de los hombres y ejercitados en los caminos de Dios. Valoraban los días y los años. Es bueno que aprendamos a hacer lo mismo que ellos. Sin embargo, no aconsejo que terminemos el año con una nota sombría. La marcha triunfal, no el canto fúnebre, ha sido siempre la música distintiva del cristianismo. Si somos buenos estudiantes en la escuela de la vida, hay mucho que los años tienen que enseñarnos. Pero el cristiano es más que un estudiante, más que un filósofo. Es un creyente y el objeto de su fe marca la diferencia, la gran diferencia.

De todas las personas, el cristiano debería estar mejor preparado para lo que sea que traiga el año nuevo. El cristiano se ha ocupado de la vida desde su origen. En Cristo se ha deshecho de mil enemigos que otros hombres deben enfrentar solos y sin preparación. Puede afrontar su mañana alegre y sin miedo porque ayer puso sus pies en caminos de paz y hoy vive en Dios. El hombre que ha hecho de Dios su morada siempre tendrá un hábitat seguro.

Charles Wesley, el amante trovador de Dios, escribió un himno que cantaba en casi todas las ocasiones. Una mañana en la que cumplía años, compuso una canción de alabanza a Dios. Tomémosla prestada y adaptemos dos de sus estrofas al nacimiento del Año Nuevo.

Toda honra y alabanza sean
Al Padre de gracia,
Al Espíritu y al Hijo;
El afán no se cansa
Me ha hecho hacer cosas
Pero regocíjate de que yo haya nacido.

Los días que me restan
Los paso alabándolo a él
Que murió por redimir al mundo entero:
Sean muchos o sean pocos,
Mis días se los debo a él,
Y todos están dedicados a él.

CAPÍTULO 33

ASISTIR A LA ESCUELA PARA NO APRENDER NADA

Cuando nos convertimos en cristianos, ingresamos a la escuela de Cristo. Estamos bajo la tutela directa del Espíritu Santo y debemos movernos normalmente hacia arriba, por etapas, en dirección a la perfección espiritual. Pero la verdad es que la mayoría de nosotros no hace eso.

Cuando los hijos de Israel salieron de Egipto, se convirtieron en estudiantes de la escuela experimental de Dios, pero fueron torpes para aprender; por lo que, ciertas veces, no aprendieron nada en absoluto u olvidaron, en los momentos críticos, todo lo que habían aprendido. El Antiguo Testamento es una lectura útil, no por las cualidades dignas que revela acerca de Israel, sino porque en él vemos la gran bondad y la gran paciencia de Dios con un pueblo torpe y lerdo que logró ir a la escuela para no aprender nada.

Debido a que Israel no pudo o no quiso aprender de la experiencia, en varias ocasiones fue derrotado, oprimido, desposeído y, al fin, fue rechazado de plano y dispersado por todo el mundo. La presencia de judíos en todos los rincones del mundo es un testimonio de ello.

El hecho de que Israel debiera haber aprendido y no lo hizo no es prueba de que fueran más obtusos que el resto de nosotros; demuestra más bien que se parecían mucho a nosotros. En vez de condenar con aire de suficiencia a una nación por su locura, es mejor que nos consideremos a nosotros mismos para no caer también en el mismo error. Porque el registro de la iglesia no es mejor que el de Israel. Antes de que se terminara el último libro del Nuevo Testamento, la iglesia había comenzado a avanzar por el mismo ciclo de aprendizaje y olvido, levantamiento y caída, pecado y arrepentimiento que había distinguido a Israel en tiempos anteriores. Y después del paso de dos mil años todavía estamos en lo mismo.

Dice un proverbio que todo lo que aprendemos de la historia es que no aprendemos nada de la historia. La verdad de esto se demuestra claramente en los registros de las denominaciones religiosas. Casi todas ellas se iniciaron como resultado de una rebelión contra un error teológico o alguna formalidad litúrgica en el culto, por la mundanalidad en la conducta, la superficialidad dogmática o la tiranía eclesiástica. A un hombre descontento por un gran deseo espiritual se le unieron algunos otros de mentalidad similar. Estos tenían o pronto recibieron una clara experiencia religiosa que dio urgencia a su testimonio y celo a sus esfuerzos. Por lo general, se libraron del peso de las complejidades religiosas y se volcaron hacia la sencillez y la interioridad. Tan grande fue el alivio que aquellos que se apresuraron a unirse a ellos sintieron que —en efecto— recuperaron la gloria de la iglesia primitiva, al punto que ninguno de ellos hubiera creído que su preciosa banda de cristianos enamorados de Dios jamás podría olvidar eso.

Sin embargo, lo olvidaron. O si no lo olvidaron ellos, lo hizo la siguiente generación. Una de las anomalías de la religión es que los miembros de la segunda generación de un movimiento espiritual suelen volver a la esclavitud de la que sus padres escaparon poco antes. Con muchos ejemplos tristes para advertirles, todavía se mueven como si estuvieran hipnotizados o caminando dormidos de regreso al cautiverio. No aprenderán con la experiencia de otros. Lo mismo ocurre con las iglesias de hoy. Muchas de las mismas personas que huyen de la confusión mundana de una iglesia muerta buscando la libertad espiritual de una que se muestra viva, cuando son elegidas para ejercer influencia en la nueva confraternidad, pronto comienzan a introducir en esa nueva congregación las mismas prácticas que mataron a su antigua iglesia y que les hizo salir de ella. Poco a poco, cada abuso no bíblico, cada ídolo, cada becerro de oro, parecerá contristar al Espíritu y sofocar la vida de la gente. Y nada de lo que nadie pueda decir detendrá esta marcha de regreso al ocaso.

La escuela en la que entramos los cristianos proporciona muchas lecciones, todas ellas enseñadas por el más sabio de todos los maestros; pero todo el resultado depende de cómo respondamos. Por desdicha, muchos de nosotros aprendemos poco y pronto olvidamos lo poco que hemos aprendido. Podemos escuchar una gran predicación, como Demas cuando escuchó a Pablo, sin sacar provecho alguno; podemos encontrarnos con cristianos santos sin sentirnos estimulados a tratar de llevar vidas más santas; podemos ver respuestas milagrosas a la oración y no ser mejores por ello. Las circunstancias providenciales impartieron lecciones invaluables; el Maestro es sabio y paciente; pero solo el discípulo no se beneficia.

Un chico que a causa de su negligencia no aprende nada en la escuela es culpable de practicar un desperdicio severo. Está malgastando el dinero proporcionado por sus padres o por los impuestos de los contribuyentes. Además se desperdician los dones y las energías de todos los asociados que se esforzaron por enseñarle. Lo mismo puede decirse del cristiano aburrido. Que desperdicia los arduos esfuerzos de cada pastor o maestro que trata de ayudarlo.

Ha habido algunas almas nobles que han logrado abrirse paso en un lugar de gran poder espiritual y pureza sin casi nadie que las ayude y con el más escaso equipo educativo para ayudarlas en su búsqueda de Dios y de las cosas santas. ¿No deberíamos avergonzarnos el hecho de que estamos rodeados de tantos recursos y ayudas y, con todo y eso, todavía aprender tan poco?

¡Ah cuánto esfuerzo se desperdicia en nosotros! El castigo es un maestro severo, pero en su escuela se obtienen grandes riquezas. Es de vital importancia que ingresemos a esa escuela con corazones humildes y mentes dispuestas.

Sí, es posible pasar por la escuela sin aprender nada. Para todos nosotros, la campana final sonará pronto. Será mejor que estudiemos mucho antes de que llegue ese momento.

CAPÍTULO 34

LOS PECADOS MÁS MORTALES DE TODOS

Un gran predicador, ya fallecido, a quien solía escuchar con provecho y deleite, a veces gritaba con gran dramatismo: "Dios no clasifica nunca el pecado".

La intención de sus palabras eran como una protesta contra una actitud negligente hacia ciertas modalidades de pecado y, en su contexto, concuerdo con ellas. Sin embargo, Dios clasifica el pecado, la ley de la tierra y también la conciencia de todo hombre.

Así como algunas serpientes difieren entre sí en cuanto a su poder de matar, algunos pecados portan diferentes tipos de veneno, todos malos, pero no todos igualmente mortíferos, ya que su poder de herir depende de la alta o baja concentración de iniquidad que llevan en ellos. En el marco de la religión a veces se encuentran ciertos pecados, los cuales quiero mencionar aquí. Estos pueden clasificarse en tres categorías: pecados cometidos por debilidad, pecados considerables más o menos permitidos por todos y pecados que se han tejido en el lienzo religioso hasta convertirse en una parte necesaria de él. Ningún pecado debe excusarse. Cada uno de ellos tiene su propio castigo. Pero el pecado cometido por impulso o el que se comete por debilidad ante las protestas del corazón seguramente no implica la misma carga mortal que los cometidos con descarada deliberación. De tal pecado hay liberación completa por el poder de Cristo; y de tales es más probable que sea, ya que es un dolor para quienes lo cometen.

Los pecados de la segunda categoría son aquellos que existen con la sanción de, o al menos la conspiración de, la iglesia, como el orgullo, la vanidad, el egocentrismo, la ligereza, la mundanalidad, la glotonería, el decir mentiras "blancas", la deshonestidad, la falta de compasión por los desafortunados, la complacencia, la indulgencia cuanto a en los asuntos de esta vida, el amor por los placeres, el guardar rencor, la tacañería, los chismes y algunos hábitos sucios no prohibidos expresamente por su nombre en las Escrituras.

Esos pecados son tan comunes que han sido aceptados como normales por la iglesia promedio y no se mencionan en absoluto o el clero los menciona con una sonrisa a medias. Si bien no son tan exagerados como un borracho de fin de semana ruidoso ni tan dramáticos como una violenta explosión de temperamento, a la larga son más mortales que cualquiera de los dos, porque rara vez se los reconoce como pecado y prácticamente nunca se arrepiente. Permanecen año tras año entristeciendo al Espíritu y minando la vida de la iglesia, mientras todos continúan hablando las palabras de la verdadera fe y siguen los movimientos piadosos superficiales, sin saber que hay algo malo en el ambiente.

Hay otra clase de pecado, que por pura vileza debe ser antes que los mencionados y es muy cercano al pecado imperdonable. Es del tipo que se ha incorporado a la estructura de la religión popular y es necesario para su éxito. Nunca he conocido a nadie que se apartara de ese tipo de pecado después que le funcionó. Parece destruir por completo a sus víctimas.

Para que nadie se quede adivinando, permítanme ser específico. Me refiero a los métodos utilizados por varios líderes para promover el cristianismo, mediante los cuales obtienen algún tipo de éxito, métodos que en sí mismos son básicamente malvados. A continuación están algunos ejemplos:

Contar falsedades acerca del tamaño de las multitudes, el número de personas que respondieron a la invitación a entregarse a Cristo y la impresión que causaron en la ciudad. Usar los trucos de la psicología conocidos por cualquier *showman*, fingiendo piadosamente que son obra del Espíritu Santo. Orar con humildad por cosas en presencia de personas que se sabe que están bien y son sugestionables, y luego testificar con devoción que la oración fue contestada. Construir una gran reputación como hombres de fe cuando todo el procedimiento empleado se basa en un conocimiento sagaz de la naturaleza humana. Usar a los publicistas para que mantengan sus nombres ante el público y permitir que se difunda la impresión de que todo es resultado del interés público espontáneo.

Aun existen otros pecados capitales dentro de los mismos círculos que fingen un tipo más avanzado de piedad; por ejemplo, como esos que profesan gran compasión por los enfermos, llevando a cabo reuniones gigantescas con el propósito de traer curación a sus dolencias, pero separando astutamente los casos desesperados de los menos serios y más susceptibles a las impresiones psicológicas, y al mismo tiempo utilizar el espectáculo para enriquecerse con la miseria y el dolor de la humanidad. Algunos de esos profetas poseen grandes propiedades, conducen enormes automóviles, aviones y se jactan de una riqueza fabulosa agregada al equipo de trabajo, mientras que las multitudes sufrientes —cuya sangre chupan— cojean, se arrastran o son llevadas esforzadamente a las reuniones. La investigación de uno de esos hombres llevada a cabo por algunos pastores piadosos reveló que había estado contratando a personas sanas para que subieran a orar y fingieran ser sanados. Eso se hizo, explicó cuando se enfrentó al hecho, para "alentar la fe de los débiles". De modo que la mentira y el engaño se hicieron de manera deliberada como parte de los supuestos métodos del Espíritu Santo.

Otros basan toda su actuación en el poder del dinero y la personalidad, aunque testifican que confían plenamente en el poder del Espíritu. Y muchos introducen en su trabajo religioso todos los trucos conocidos en el mundo; con lo que destruyen lo mismo que profesan apreciar.

Eso es prueba suficiente de la insensibilidad moral de tales hombres, falsos creyentes que motivan a los incrédulos y hasta a los propios cristianos a resentirse —incluso violentamente— ante la sola mención de esas cosas; además, el hecho de que el mismo público al que han traicionado se apresure a defenderlos es otra prueba más del éxito de sus métodos.

CAPÍTULO 35

LA CONFORMIDAD, UNA TRAMPA DE LA RELIGIÓN

La conformidad es la virtud del esclavo que puede llegar a convertirse en el vicio del santo. Es una triste lección de la historia que poblaciones enteras, a menudo, se dejan esclavizar a la voluntad de un líder político ambicioso si este puede prometerles seguridad y unos pocos centavos más de salario por día. Y la mayoría de las veces, después de haberle vendido su primogenitura por conformidad, descubren que obtienen los pocos centavos adicionales solo por largas horas de trabajo, y que la seguridad que más necesitan es la protección de su protector.

El dictador, sea político o religioso, debe tener capacidad para repartir pequeños favores a los fieles, por lo que siempre se las arreglan para tener esos recursos a mano. Esos obsequios se asemejan a los pescados que se les lanzan a las focas en un espectáculo acuático o como el lamedero de sal (el salegar) de antaño con el que se atraían a los venados hacia el escondite donde el rifle del cazador esperaba por la presa. Pero la conformidad es lo que debe tener el dictador si quiere hacer algún dictamen del que valga la pena hablar.

Ahora bien, la conformidad dentro de los límites es algo bueno. El músico debe ajustarse a las leyes de la armonía, el ingeniero a las leyes de la física y el agricultor a la ley de los cultivos en crecimiento. Si quiero aprender un nuevo idioma, debo inclinarme a su gramática, su vocabulario y su idioma. Y la sociedad civilizada solo es posible porque la mayoría de los ciudadanos se ajustan discretamente a las reglas de la vida civilizada.

Dicho esto como elogio a la conformidad, no queda mucho que decir al respecto. A partir de ahí, todo lo que se diga es casi completamente malvado. Es maligno porque puede ser utilizado, y a menudo lo es, por unos pocos dominantes para esclavizar a los más dóciles.

Casi todas las grandes almas han sido inconformistas. Millones de nosotros, las personas menos talentosas, podemos agradecer a Dios por los fuertes disidentes que pelearon nuestras batallas por nosotros, a menudo mucho antes de que naciéramos, atreviéndose a levantarnos y desafiar el *statu quo*.

Cada ganancia obtenida en el campo del gobierno no fue obtenida por las masas sino por unos pocos inconformes que arriesgaron sus vidas y se negaron a aceptar el liderazgo de hombres indignos de autoridad. Los curadores del *statu quo* pusieron los ojos en blanco horrorizados y apelaron al Dios que concibieron como el protector de lo cómodo para salvar sus posiciones inmerecidas y sus nidos bien alineados de esos vulgares descontentos. Pero sus oraciones no fueron escuchadas. Dios estaba a favor de los disidentes. La medida de libertad que disfrutamos en el mundo occidental hoy es un regalo de Dios y de nuestros antepasados inconformes.

Nosotros, los protestantes, debemos nuestra libertad religiosa y la bendición de una Biblia abierta a hombres cuyos sepulcros ahora nos deleitamos en ornamentar, pero a quienes no habríamos ayudado de buena gana si hubiéramos vivido en el momento en que el resultado de sus luchas estaba en duda. La conformidad con la Palabra de Dios siempre es correcta, pero la obediencia a los líderes religiosos es buena solo si esos líderes demuestran ser dignos de ejercer autoridad. El liderazgo en la iglesia de Cristo es algo espiritual y así debe ser entendido por todos. Se necesita más que una balota de votación para convertirse en líder.

Existe un gran peligro en nuestros círculos evangélicos actuales de que le demos demasiada importancia a la conformidad con las autoridades dentro de las iglesias y así sofoquemos cualquier originalidad y atrevimiento que pueda haber entre nosotros. Una denominación está en grave peligro cuando la única virtud requerida de sus ministros es la conformidad y el único pecado eclesiástico imperdonable es la insubordinación.

Esta situación se desarrolla cuando las autoridades de la iglesia son colocadas en el cargo por maquinaria electoral en vez de ser comisionadas por el Espíritu Santo. Para mantenerse en la supremacía, esos líderes deben exigir y obtener conformidad con el objeto de proteger las reglas por parte de quienes están bajo su autoridad. Tales como estos preferirían presidir sobre una denominación de conformistas mediocres que sentirse avergonzados por la presencia de hombres ungidos y visionarios que podrían, sin saberlo, robarles el corazón a la gente. Así, cuando una cabeza aparece ligeramente por encima del nivel muerto de la conformidad plana, se corta con ternura, aparentemente para proteger la obra del Señor, pero en realidad para retener el control de la máquina eclesiástica.

Ningún cristiano guiado por el Espíritu Santo teme perder su posición en una iglesia llena del Espíritu de Dios. Cuando se concibe que la iglesia no es más que una institución, entonces todo hombre a quien se honra con un lugar en el tótem jerárquico buscará preservar su preciado nicho o asegurarse uno superior. Luego buscará una técnica para sobrevivir y, con el paso de los años, la conformidad impuesta es empleada con mayor frecuencia por la mayoría.

Para que la iglesia prospere en lo espiritual, debe tener liderazgo espiritual, no liderazgo por mayoría de votos. Es muy significativo que cuando el apóstol Pablo consideró necesario pedir obediencia a las iglesias jóvenes, nunca apeló a ellas con el argumento de que había sido debidamente elegido para el cargo. Afirmó su autoridad como apóstol designado por el jefe de la iglesia. Ocupó su cargo por derecho de pura ascendencia espiritual, el único derecho terrenal que debería ser honrado entre los hijos de la nueva creación.

En la iglesia o denominación donde el Espíritu Santo tiene el control, no habrá conformidad impuesta; habrá una cooperación feliz con los líderes ungidos por parte de todos. Los soldados rasos del Rey reconocen a sus verdaderos líderes; son los que no tengan las albardillas al hombro sino el aceite en sus frentes.

CAPÍTULO 36

LA POPULARIDAD DE CRISTO

Uno de los fenómenos más asombrosos del mundo actual es la inmensa y universal popularidad de Jesucristo.

Casi todas las religiones principales se muestran amistosas con él e incluso aquellos que no reconocen su deidad lo respetan. Prácticamente cada culto encuentra una posición para él en algún lugar de su sistema. La filosofía, la psicología, la ciencia, todos lo citan con aprobación. Los grandes negocios, que operan de acuerdo a principios exactamente opuestos a todo lo que él enseñó, continuamente se arrodillan ante él. El mundo del entretenimiento ronronea sobre él y la imagen que él proyecta siempre es cálida y atractiva. Su nombre tiene tanto encanto para los políticos y los boxeadores, como para los líderes Scout y los presidentes de las asociaciones de padres y maestros. Él es la única figura que eclipsa constantemente a héroes históricos como Abraham Lincoln y celebridades actuales como Dag Hammarskjold y Albert Schweitzer. Su prestigio se mantiene constantemente en la cima, pese a quien pueda estar ocupando los titulares por el momento.

Sin embargo, las enseñanzas de Cristo son totalmente contrarias a las creencias del mundo moderno. La filosofía espiritual que subyace al reino de Dios se opone radicalmente a la de la sociedad civilizada. En resumen, el Cristo del Nuevo Testamento y el mundo de la humanidad se oponen tan fuertemente que equivale a una franca hostilidad. Lograr un acuerdo es imposible.

Solo podemos concluir que Jesús es universalmente popular hoy porque es universalmente incomprendido.

Todos admiran a Jesús, pero casi nadie lo toma en serio. Se le considera un idealista bondadoso que amaba a los bebés y a las personas desfavorecidas. Se le describe como un soñador amable que fue lo suficientemente ingenuo para creer en la bondad humana y lo suficientemente valiente como para morir por su fe. El mundo piensa en él como un hombre manso, desinteresado y amoroso; y lo valora porque era lo que todos somos en el corazón, o lo que seríamos si las cosas no fueran tan difíciles y tuviéramos más tiempo para cultivar nuestras virtudes. Para muchos él es un dulce y santo símbolo de algo demasiado fino, demasiado hermoso para ser real, pero algo que no eliminaríamos, sin embargo, de nuestro tesoro de cosas preciosas.

Debido a que la mente humana tiene dos compartimentos, el práctico y el ideal, las personas pueden vivir cómodamente con su concepción romántica y soñadora de Jesús sin prestar atención alguna a sus palabras. Es esta clara división entre lo fantasioso y lo real lo que permite a innumerables miles de personas decir: "Señor, Señor" con toda sinceridad mientras viven cada momento en total desafío a su autoridad.

Si alguien se levantara en la Asamblea General de las Naciones Unidas y pagara un tributo a Jesucristo, probablemente nadie de los presentes, ni siquiera un comunista, se opondría. Pero si un delegado sugiere que un punto en disputa se resuelva apelando a las enseñanzas de Cristo, será rechazado con burla. Cristo es bueno como adorno moral, pero nadie en ese cuerpo augusto está dispuesto a que él sea algo más que eso.

Nada de eso es de extrañar. Las Naciones Unidas son organizadas por Adán. Ese ente es un esfuerzo de los últimos tiempos por construir una torre de seguridad que llegue al cielo. El primer hombre, Adán, está tratando de establecer algo en la carne que perdure a través de los siglos, a lo que el último Adán declara que no se puede hacer. El último Adán, Cristo, es popular con el primer Adán solo porque sus enseñanzas son casi desconocidas totalmente para los hombres de este mundo y él mismo es completamente incomprendido.

En la realización del propósito eterno de Dios, la sociedad del primer Adán y la del último Adán, aunque totalmente opuestas, pueden coexistir por un tiempo, pero no por mucho (ver Hebreos 12:26-27). La carne puede admirar el espíritu mientras se niega a seguirle, o puede malinterpretar al espíritu y creer que es espiritual en sí mismo, mientras que en realidad está hundida en la corrupción.

Esto último, creo, explica la popularidad actual de Cristo en el mundo. La contradicción entre él y la sociedad no regenerada es aguda e irreconciliable, pero el contraste entre la sociedad y su propia concepción errónea de él es apenas perceptible. De modo que el mundo puede apreciar la imagen que tiene de Cristo e ignorar, a la vez, sus mandamientos sin remordimiento de conciencia.

Lo que debería preocuparnos seriamente, sin embargo, no es que el mundo alabe a Cristo sin obedecerle, sino que la iglesia hace eso precisamente. Los hombres de este mundo siguen su camino sin preocuparse por las enseñanzas de Cristo, pero al hacerlo, son congruentes con su posición. No han hecho votos al Señor ni han tomado su nombre sobre ellos. Pero cuando un cristiano ignora el mandamiento de Cristo, es culpable de pecado doblemente agravado. Viola los votos santos, es culpable de rebelión contra Dios y comete la grotesca transgresión de llamar a Jesús Señor con sus palabras y negar su señorío con sus obras.

¿Debe alguien dudar de que los cristianos, incluso los bíblicos, habitualmente ignoren las enseñanzas de Cristo y permitan que alguien se levante en una reunión de negocios de su iglesia o denominación y cite un pasaje de los dichos de nuestro Señor como la autoridad final en una cuestión ante la audiencia? Pronto aprenderá cuán poco influyen las palabras de Cristo en el pensamiento del delegado promedio.

Los cristianos de hoy han desarrollado el peligroso hábito de aceptar la autoridad del Nuevo Testamento en asuntos que no les conciernen y rechazarla en asuntos que sí. Y así, con demasiadas iglesias también, Jesús es popular pero impotente. Seguramente se necesita otra Reforma.

CAPÍTULO 37

EL SEÑORÍO DE JESÚS HOMBRE ES ELEMENTAL

En estos tiempos estamos bajo la tentación constante de sustituir otro Cristo por el del Nuevo Testamento. Toda la religión moderna deriva hacia esa sustitución.

Para evitar esto, debemos aferrarnos con firmeza al concepto de Cristo como se establece tan clara y llanamente en las Escrituras de verdad. "Aun si alguno de nosotros o un ángel del cielo les predicara un evangelio distinto del que les hemos predicado, ¡que caiga bajo maldición!" (Gálatas 1:8).

El mensaje poderoso y revolucionario de la iglesia primitiva consistía en que un hombre llamado Jesús, que había sido crucificado, fue levantado de entre los muertos y exaltado a la diestra de Dios. "Por tanto, sépalo bien todo Israel que a este Jesús, a quien ustedes crucificaron, Dios lo ha hecho Señor y Mesías" (Hechos 2:36).

Menos de trescientos años después de Pentecostés, los defensores de la fe —en apuros— redactaron un manifiesto que condensaba las enseñanzas del Nuevo Testamento y que tenían que ver con la naturaleza de Cristo. Ese manifiesto declara que Cristo es:

Dios de la sustancia de su Padre, engendrado antes de todos los tiempos: Hombre de la sustancia de su madre, nacido en el mundo: Dios perfecto y Hombre perfecto, de alma razonable y carne humana subsistente: igual a su Padre, en cuanto a su Deidad: menos que el Padre, en cuanto a su virilidad. Quien, aunque es Dios y hombre, no es dos, sino un solo Cristo. Uno, no por la conversión de la Deidad en carne, sino por la toma de la humanidad en Dios. Uno por completo, no por la confusión de sustancia, sino por la unidad de Persona. Porque, así como el alma racional y la carne son un solo hombre, así Dios y el hombre son un solo Cristo.

Incluso entre aquellos que reconocen la deidad de Cristo, a menudo hay una falla en reconocer su hombría. Nos apresuramos a afirmar que cuando caminó por la tierra era Dios con los hombres, pero pasamos por alto una verdad igualmente importante, que donde se sienta ahora en su trono mediador, es *Hombre con Dios*.

La enseñanza del Nuevo Testamento es que ahora, en este mismo momento, hay un Hombre en el cielo apareciendo en la presencia de Dios por nosotros. Él es tan ciertamente hombre como lo fue Adán, Moisés o Pablo. Es hombre glorificado, pero su glorificación no lo deshumanizó. Hoy es un hombre real, de la raza humana, que lleva nuestros rasgos y dimensiones, un hombre visible y audible a quien cualquier otro hombre reconocería instantáneamente como uno de nosotros.

Sin embargo, más que eso, él es el heredero de todas las cosas, el Señor de todos los mundos, la Cabeza de la iglesia y el Primogénito de la nueva creación. Él es el camino a Dios, la vida del creyente, la esperanza de Israel y el Sumo Sacerdote de todo verdadero adorador. Él tiene las llaves de la muerte y del infierno; es abogado y fiador de todos los que creen en él de verdad. Esto no es todo lo que se puede decir acerca de él, porque si se dijera todo lo que podría decirse, "pienso que los libros escritos no cabrían en el mundo entero" (Juan 21:25). Pero este, en resumen, es el Cristo que predicamos a los pecadores como su único escape de la ira venidera. Con él descansan las más nobles esperanzas y sueños de los hombres. Todos los anhelos de inmortalidad que se elevan y se hinchan en el pecho humano se cumplirán en él o, de otra manera, nunca conocerán el cumplimiento. No hay otra forma (ver Juan 14:6).

La salvación no viene por "aceptar la obra terminada" ni por "decidirse por Cristo". Viene al creer en el Señor Jesucristo, el Señor de todo, vivo y victorioso que, como Dios y hombre, peleó nuestra batalla y la ganó, aceptó nuestra deuda como suya y la pagó, tomó nuestros pecados, murió por ellos y resucitó para liberarnos. Este es el verdadero Cristo, no servirá nada menos.

Mas hay algo menos entre nosotros, sin embargo, y hacemos bien en identificarlo para poder repudiarlo. Ese algo es una ficción poética, producto de la imaginación romántica y la fantasía religiosa sensitiva. Es un Jesús, gentil, soñador, tímido, dulce y femenino, casi afeminado, y maravillosamente adaptable a cualquier sociedad en la que se encuentre. Es arrullado por mujeres decepcionadas en el amor, patrocinado por celebridades profesionales y recomendado por psiquiatras como modelo de personalidad bien integrada. Se le utiliza como un medio para casi cualquier fin carnal, pero nunca se le reconoce como Señor. Estos cuasi cristianos siguen a un cuasi

Cristo. Quieren su ayuda, pero no su interferencia. Lo adularán, pero nunca lo obedecerán.

El argumento de los apóstoles es que el hombre Jesús ha sido hecho más alto que los ángeles, más alto que Moisés y Aarón, más alto que cualquier criatura en la tierra o el cielo. Y esa exaltada posición la alcanzó *como hombre*. Como Dios, ya estaba infinitamente por encima de todos los demás seres. No se necesitaba ningún argumento para probar la trascendencia de la Deidad. Los apóstoles no declaraban la preeminencia de Dios, que habría sido superflua, sino la de un hombre, que era necesaria.

Aquellos primeros cristianos creían que Jesús de Nazaret, un hombre que conocían, había sido elevado a una posición de señorío sobre el universo. Él todavía era su amigo, todavía era uno de ellos, pero los había dejado por un tiempo para aparecer en la presencia de Dios en su nombre. Y la prueba de eso fue la presencia del Espíritu Santo entre ellos.

Una de las causas de nuestra debilidad moral en la actualidad es la cristología inadecuada que se difunde. Pensamos en Cristo como Dios, pero no lo concebimos como hombre glorificado. Para recuperar el poder de la iglesia primitiva, debemos creer lo que ellos creían. Ellos creían que tenían un Hombre aprobado por Dios que los representaba en el cielo.

CAPÍTULO 38

LA AMENAZA DE LA IMAGEN COMÚN

Sin duda, los años del siglo veinte y el veintiuno serán conocidos en la historia como el período de la democracia generalizada, falsa o no, pero siempre fuertemente influenciada por el socialismo. Últimamente ha habido muchas nivelaciones entre nosotros, pero, como señaló el Dr. Samuel Johnson en su día, los niveladores siempre quieren nivelarse a sí mismos, nunca subir. Y dado que la mayoría de nuestros niveladores autoungidos comienzan bastante bien en la escala, el efecto total en la sociedad no ha sido elevar, sino degradar.

Todo el que esté familiarizado con el idioma castizo sabe que la palabra común también puede significar vulgar y, a menudo, eso es lo que implica. La persona vulgar es una de gustos bajos que no solo es grosera y tosca, sino que disfruta siéndolo y, debido a que los de su clase suelen ser mayoría, también se dice que es común. Y es ese hombre común quien, lamentablemente, se ha convertido en el modelo para las masas en la sociedad humana.

El clamor actual por una educación universitaria de un número tan grande de nuestros jóvenes sugiere que tal vez la gente se esté cansando de ser común y aspire a vidas más elevadas y nobles. Pero eso es una ilusión. Independientemente de lo que la educación avanzada pueda hacer por nosotros en teoría, es un hecho que el flujo de graduados universitarios que se vierte cada año en la corriente social no está ejerciendo el menor efecto ennoblecedor sobre la sociedad. Es más bien al revés; la sociedad lleva rápidamente al graduado a su forma de pensar y vivir.

La vulgaridad es una enfermedad del espíritu humano y no se cura con la educación, los viajes ni la familiaridad con la gran ópera o las obras de arte. La vulgaridad puede hablar bien el idioma y vivir en una casa de dos niveles, pero es conocida por lo que es por sus actitudes, su moral y sus aspiraciones, o la falta de ellas.

El verdadero cristiano es poco común por la razón de que no es la mayoría; es muy diferente del mundo en el que vive como Abraham lo era de los habitantes de Canaán. Es probable que sea un hombre humilde, accesible y sin pretensiones de grandeza o superioridad, pero sus normas morales, sus actitudes hacia la fama, el dinero, los placeres terrenales, la vida y la muerte, lo marcan como un ser de otro mundo.

Es la costumbre la que destruye las aspiraciones y convierte a cada hombre en una copia de todos los demás. "Ay de ti, corriente de las costumbres humanas", escribió Agustín.

¿Quién mantendrá tu rumbo? ¿Cuánto tiempo pasará antes de que te seque? ¿Hasta cuándo llevarás a los hijos de Eva a ese océano inmenso y formidable, que incluso los que están embarcados en la cruz apenas pueden pasar? ... Y, sin embargo, corriente del infierno, en ti son arrojados los hijos de los hombres.

El gran error del mundo ha sido dar por sentado lo que alguien ha llamado "la rectitud de lo acostumbrado". Los valores, actitudes y prácticas de la mayoría en un período determinado constituyen un código aceptado como vinculante para todos los miembros de la sociedad. Cualquier aberración de ese código por parte de cualquier persona despierta la atención inmediata e incluso puede conllevar la acusación de "enfermedad mental". Y, a menos que pierda mi suposición, creo que los defensores de la costumbre se están preparando para usar la amenaza de ser acusados de enfermedad mental como un látigo para poner a todos en línea. Por cierto, lo intentaron con Jesús y no funcionó.

Es una ley del alma humana que la gente tiende a volverse como aquello que admira más intensamente. La admiración profunda y prolongada puede alterar toda la textura de la mente y el corazón, y convertir al devoto en algo muy diferente de lo que era antes.

Por esta razón, es de vital importancia que los cristianos tengamos modelos correctos. No basta con decir que nuestro modelo debe ser Cristo. Si bien eso es cierto, también lo es que Cristo es conocido principalmente a través de la vida de sus seguidores profesos; por eso, cuanto más prominentes y ruidosos sean estos seguidores, más poderosa será su influencia en los cristianos. Si los modelos son imperfectos, todo el nivel de vida cristiana debe sufrir los efectos.

Cada uno de nosotros tiene la obligación sagrada de ser semejantes a Cristo. Esta generación de cristianos debe tener modelos que pueda admirar con seguridad. Esa no es la razón principal para buscar ser santo, pero es muy poderosa. Muchos principiantes nos toman como ejemplo. Más tarde se desapegarán de nosotros y aprenderán a fijar sus ojos directamente en el Señor mismo; mientras tanto, para bien o para mal, somos su idea de cómo es Cristo. Este es un hecho maravilloso y aterrador que debemos afrontar y superar como podamos.

Tenemos la profunda obligación de hacer todo lo que esté a nuestro alcance para romper la imagen "común" que ahora se acepta como estándar para los hombres dentro y fuera de la iglesia. Las naciones necesitan hombres poco comunes que las guíen y la iglesia necesita cristianos poco comunes. Y será mejor que nos tomemos todo esto en serio.

CAPÍTULO 39

LA DERROTA DE SATANÁS LIGADA A SU INSENSATEZ MORAL

E l diablo es sabio y la astucia es todo lo que podemos atribuirle con propiedad, ya que el sano juicio moral es un ingrediente de la sabiduría y el diablo no lo posee.

Pensar más a fondo puede requerir que modifiquemos nuestra creencia de que él es astuto en cualquier otro significado que no sea el más superficial de la palabra: porque la astucia conlleva la capacidad de planificar con éxito el futuro, lo que aparentemente el diablo no puede hacer. El hombre verdaderamente astuto no queda atrapado en su propia trampa, pero el diablo ha sido atrapado en la suya no una sino muchas veces.

Un estratega astuto sabe cuándo atacar y cuándo cancelar el ataque y retirarse. Esto, el diablo, nunca parece saberlo. La historia bíblica mostrará que con frecuencia fue demasiado lejos y derrotó sus propios propósitos una y otra vez.

Un ejemplo de ello fue el calor que puso contra los hebreos en Egipto. Faraón hizo una buena actuación (desde su punto de vista) cuando logró que todos los hombres sanos entre los hebreos trabajaran para él gratis. Un gran ejército de trabajadores estaba ocupado haciendo ladrillos para las vastas actividades de construcción de Egipto, ladrillos que no le costaban ni un centavo al tirano. Fueron hechos por mano de obra esclava. Si Faraón hubiera sido sabio, o incluso astuto, habría aliviado un poco la presión sobre los hebreos y habría continuado disfrutando de los beneficios de su trabajo gratuito durante los años venideros. Sin embargo, impuso unas condiciones imposibles, puso de rodillas a los afligidos hebreos y llevó a Dios a efectuar el rescate. Seguramente el diablo se superó a sí mismo en esa ocasión.

En los días de Ester, el malvado Amán escuchó las lisonjas de Satanás y se dispuso a tratar de destruir a los judíos. El resultado reveló cuán imprudente fue tal esfuerzo. Los judíos quedaron en libertad y Amán colgó de la misma horca que había erigido para su odiado enemigo, el judío Mardoqueo. Cuando el cuerpo de Amán se balanceaba de un lado a otro en la horca que había construido para otro, la locura de la injusticia quedó expuesta de una manera y en un grado que debió haber sorprendido a Satanás. El mundo ahora sabe, o puede saber si lo hará, que cada horca construida para destruir a los hombres buenos colgará por fin al que la ideó. La justicia puede tardar mucho en llegar, pero el mal finalmente será colgado. Satanás no sabía eso o, si lo sabía, nunca tuvo la intención de que el secreto saliera a la luz; de cualquier manera, su supuesta astucia le falló.

Por tanto, la prolongada e implacable guerra de Satanás contra la iglesia nunca ha tenido éxito, lo que se ha debido —al menos en parte— a su propia imprudencia. En su furor ha derramado la sangre de millones de santos, pero la sangre del mártir siempre se ha convertido en semilla de la iglesia, "Pero cuanto más los afligían, más se multiplicaban y crecían" (Éxodo 1:12). Eso que se dice por primera vez de Israel, describe con precisión las condiciones entre los cristianos a lo largo de los siglos. Si Satanás hubiera sido el astuto estratega que se dice que es, hace mucho que habría dejado de intentar exterminar al cristianismo mediante un ataque directo; sin embargo, todavía lo está intentando en muchas partes de la tierra y, con ello, está generando simpatía pública por las mismas personas que busca destruir. Eso no revela sabiduría, sino una gran cantidad de malicia ciega.

Por la Palabra de Dios y por el testimonio de Jesucristo, el apóstol Juan fue exiliado a la isla solitaria que se llama Patmos (ver Apocalipsis 1:9) y, si se puede creer en la tradición, fue enviado a trabajar en las minas. Pero desde mi perspectiva, Juan vio más lejos que lo que ningún rey vio desde su trono; vio más desde su mina que lo que cualquier astronauta jamás vio desde su órbita, porque el rollo de la historia por nacer se extendió ante él y se le permitió ver el desarrollo de los propósitos de Dios hasta el momento en que la Nueva Jerusalén descenderá del cielo de Dios.

Juan habría sido menos problemático para el diablo en Éfeso. Si se le hubiera permitido ir en silencio a sus deberes en la iglesia, podría haber envejecido cómodamente sin darle al mundo una vista previa de la caída del imperio de Satanás y su encarcelamiento en el lago de fuego. Solo podemos concluir que Satanás no sabía cómo se desarrollarían las cosas cuando atacó a Juan y que, por lo tanto, no es tan astuto como se supone que es.

Desde el punto de vista de Satanás, el asesinato de Jesucristo Hombre fue otro gran error. En su odio, llevó su persecución al extremo de que judíos y gentiles se unieron para destruir a ese Hombre cuya sola presencia era una reprensión y un juicio para ellos y para el propio maligno. Pero Dios convirtió la cruz en un altar, de modo que mientras los malvados veían a Jesús morir creyendo que se estaban deshaciendo de él para siempre, el propio Jesús —a través del Espíritu Eterno—, se ofrecía a sí mismo sin mancha a Dios como sacrificio expiatorio por los pecados del mundo. Seguramente eso nunca estuvo en la mente de Satanás cuando se propuso matar al Hombre que instintivamente sabía que era su gran enemigo. La resurrección de Cristo fue su derrota más extraordinaria.

Una cosa, sin embargo, que nunca debemos olvidar es que Satanás es demasiado astuto en comparación con cualquiera de nosotros, por lo que debemos inferir que confiar en nuestra sabiduría es tomar el camino seguro hacia la derrota. Dios ha convertido la sabiduría original de Satanás en una locura intrínseca que le imposibilita alcanzar sus inicuos fines. Ha hecho del mal su bien y, en un mundo moral presidido por un Dios justo, el mal no puede vencer.

CAPÍTULO 40

EL HOMBRE Y LA MÁQUINA

Los pensamientos que casi siempre afloran al ver a un hombre que maneja con orgullo un automóvil lujoso son: "Ahí va majestuoso, con los brazos extendidos amorosamente sobre el volante, la nariz ligeramente empinada y con una expresión en su rostro de total satisfacción. Alcanzó la plenitud. Demuestra ante todos su razón de vivir. Logró nada menos que el fin principal del hombre".

Uno no puede evitar sonreír ante algo como eso; sin embargo, el panorama no es agradable, porque ese hombre representa a millones que, como él, han adoptado una filosofía de vida profundamente errónea y seriamente dañina. Esa es una imagen falsa del éxito que arrastra a muchos seres humanos hoy. Imagen que propagan los medios de comunicación masiva para que el público receptor piense, las veinticuatro horas del día, lo que los creadores de imágenes como esas —que invaden nuestros hogares en forma de publicidad ingenua— quieren que piense.

No es el auto hermoso lo malo, sino la actitud del hombre hacia él. Lo que pretende ser una herramienta útil se ha pervertido en un símbolo de superioridad y una razón de existencia. Todo ese asunto cobra un carácter religioso. El hombre está atrapado en una falacia de la que no se puede liberar ni puede ignorar. Ello tiene sus efectos malignos en su vida presente y moldeará su carácter para siempre. Hace mucho tiempo que abandoné la esperanza de realizar un cambio apreciable en la filosofía de vida del mundo. Si me preocupara únicamente por los caminos del mundo, esta pieza nunca se escribiría; pero cuando los hijos de Dios aceptan los valores del mundo, es hora de que algún cristiano hable. Babilonia puede tener sus dioses, su propia forma de vida y sus propias normas morales. Sin embargo, cuando Israel comienza a adoptarlos, es que el profeta de Dios se hace responsable de levantarse y clamar contra ellos.

El hombre del auto grande piensa erróneamente en sí mismo, en los demás y en todo lo que se relaciona con él y con ellos. Está tan equivocado como el que se baja de un autobús en Londres y cree que está en Nueva York. Por su error no se le debe culpar ni regañar, porque simplemente está equivocado, terriblemente equivocado, y debe ser tratado con paciencia como un hombre perdido, porque sin duda lo es, al menos por el momento.

Alguien debería explicarle que "la vida de una persona no depende de la abundancia [ni de la elegancia] de sus bienes" (Lucas 12:15). Se le debe enseñar que la excelencia de cualquier cosa radica en la perfección de su naturaleza. La excelencia de un caballo (como dijo Platón en alguna parte) radica en la perfección de las cualidades que lo convierten en un corcel —fuerza, velocidad, inteligencia, etcétera— características que no pueden transferirse a otra cosa. Dele a un reyezuelo, por ejemplo, las cualidades que constituyen un buen caballo y tendrá un monstruo grotesco que no es ni reyezuelo ni caballo. Qué impensable es que un reyezuelo se pose en el lomo de un caballo y cabalgue orgulloso bajo la impresión errónea de que ahora ha alcanzado su completa realización. No. El caballo no puede impartir nada a la naturaleza del reyezuelo que contribuya a su excelencia como reyezuelo. Que el reyezuelo se conozca a sí mismo y busque su satisfacción cantando junto a su nido y recolectando comida para sus crías, no tratando de tomar prestada una gloria que debe ser eternamente extraña para él.

Es lo mismo con el hombre. La excelencia de un hombre radica en la perfección de su naturaleza humana. Dios lo hizo con poderes que ningún otro ser posee y le dio un cuerpo físico a través del cual expresar esos poderes de manera fructífera. Un automóvil tiene una y otra excelencia diferente; no puede agregar nada a la gloria del hombre.

Nuestro Señor, cabalgando hacia Jerusalén en el lomo de una humilde bestia, no perdió nada de la majestad que era suya como el Hombre perfectamente ideal del mundo; a la inversa, un hombre pequeño, egoísta y asustado no gana dignidad por el costoso y brillante monstruo de acero en el que viaja. Que se sienta más grande solo acentúa su debilidad; que actúe como si fuera más grande solo revela más claramente el error básico en su filosofía de vida total. Acepta como real la ilusión de que es más poderoso, cuando en realidad el poder está fuera de él. Su excelencia imaginada es la excelencia de una pieza de maquinaria, algo que debe compartir con el perrito que se sienta a su lado con la cabeza fuera de la ventana.

El punto es que la excelencia humana consiste en la perfección de la naturaleza humana. Las cosas no pueden entrar en los hombres para hacerlos mejores o más dignos. "Nadie puede recibir nada a menos que Dios se lo conceda" (Juan 3:27). Solo el Dios que hizo la naturaleza del hombre, en primer lugar, puede rehacerla a la imagen divina.

La situación terrenal de un hombre no puede agregar ni quitar de lo que el hombre tiene dentro de sí. Los mártires que andaban con pieles de cabra o se escondían de sus verdugos en guaridas y cavernas no tenían nada externo que sustentara su confianza en sí mismos o les otorgase un estatus social. Sin embargo, en el gran día de Cristo, su excelencia interior fulgurará como el resplandor del sol.

Así que veo al hombre pasar con orgullo y me pregunto por qué no comprende que la verdadera excelencia reside en el carácter moral, no en la belleza o la elegancia de una máquina sin alma. Y me pregunto si es un incrédulo o un diácono de una iglesia cercana. Quizás una iglesia evangélica. Y mis pensamientos se turban por mí y por los míos, y por aquellos de quienes soy responsable, y por todos por quienes Cristo murió.

CAPÍTULO 41

LÍDERES Y SEGUIDORES

C uando el Señor Jesús nos llamó a todos "ovejas", nos dijo que debíamos ser seguidores; y cuando Pedro nos llamó a algunos "pastores", indicó que debía haber entre nosotros tanto líderes como seguidores.

Siendo la naturaleza humana lo que es, la necesidad de liderazgo es imperativa. Dejemos que cinco hombres naufraguen a la deriva en un bote salvavidas y, de inmediato, uno de ellos asume el mando. No se requiere un plebiscito. Cuatro de esos individuos sabrán —por cierta especie de intuición— quién es el hombre fuerte y sabio; de modo que, sin formalidad alguna, se encargará de las cosas y se convertirá en el líder.

Cada desastre, cada incendio, cada inundación saca a relucir sus propios líderes. En momentos como esos, la gente escucha sin cuestionar al hombre que tiene la presencia de ánimo y la audacia para tomar el mando. En retrospectiva, los más débiles pueden que encuentren fallas, pero se alegran lo suficiente por el liderazgo cuando la crisis se inicia.

También entre los cristianos hay líderes y seguidores. Estos últimos puede que se sientan resentidos con el líder, pero de todos modos lo necesitan y lo siguen también, aunque a veces con un poco de mal humor.

Lo ideal sería que las ovejas no siguieran a nadie más que al pastor principal e ignoraran a todos los demás líderes; aunque, en ocasiones —de hecho— se encuentra un individualista que insiste en seguir solo al Señor y se niega pertinazmente a escuchar a los maestros humanos o a participar en las actividades de la comunidad cristiana. Si bien respetamos el derecho de tal persona a sus propias convicciones debe decirse, no obstante, que está destinado a ser y permanecer débil e infructuoso. Al separarse del rebaño del Señor, extrañará los verdes pastos y las tranquilas aguas.

En la iglesia de Dios debe haber líderes; pero el líder también debe ser un seguidor. Pablo nos dio el modelo cuando exhortó a los corintios: "Imítenme a mí, como yo imito a Cristo" (1 Corintios 11:1). Seguir a un líder que sigue fielmente al Señor es seguir al Señor; seguir a alguien que no es seguidor de Cristo es terminar en desastre y calamidad.

Sin embargo, ¿cómo podemos estar seguros de a quién seguir? ¿Cómo podemos saber en quién confiar? Si andamos de acuerdo ¡a la ley y al testimonio! Si el maestro no habla conforme a la Palabra de Dios, no hay luz en él. Seguir a un líder religioso por su elocuencia o su atractiva personalidad es transitar por un camino muy peligroso. Muchos lo han hecho para su eterna tristeza y pérdida.

Es probable que el líder verdadero y seguro sea el que no tiene deseos de liderar, pero se ve obligado a asumir una posición de liderazgo por la presión interna del Espíritu y la presión de la situación externa. Así fueron Moisés, David y los profetas del Antiguo Testamento; y creo que casi no hubo otro gran líder cristiano aparte de Pablo hasta el día de hoy, pero fue reclutado por el Espíritu Santo para la tarea y comisionado por el Señor de la iglesia para ocupar un puesto por el que tenía pocas habilidades naturales.

Creo que podría aceptarse como una regla empírica bastante fiable que el hombre que ambiciona liderar está descalificado como líder. La iglesia de los nacidos de nuevo no es lugar para el demagogo o el dictador religioso y mezquino. El verdadero líder no tendrá ningún deseo de dominar la herencia de Dios, sino que será humilde, gentil, abnegado y estará tan dispuesto a seguir como a liderar cuando el Espíritu le aclare que un hombre más sabio y dotado que él mismo ha aparecido.

Es indudable que es cierto, como he dicho tantas veces, que la iglesia languidece no por los líderes, sino por el tipo correcto de líderes; porque el tipo de líder insensato es peor que ninguno. Es mejor quedarse quieto que seguir a un ciego por un precipicio. La historia muestra que la iglesia ha prosperado más cuando fue bendecida con líderes fuertes y que sufrió el mayor declive cuando sus líderes eran débiles en su labor de servicio. Las ovejas rara vez van mucho más lejos que el pastor.

Es por eso que la democracia no calificada no es buena para una iglesia a menos que cada miembro votante esté lleno de la sabiduría del Espíritu Santo. Poner el trabajo de la iglesia en manos del grupo es intercambiar un líder por muchos; y si el grupo está compuesto por maestros carnales, el cambio es de un líder débil a varios malos. Cien ciegos no pueden ver mejor que uno.

El líder ideal es aquel que escucha la voz de Dios e insta a la gente cuando la voz lo llama a él y a ellos. Pero, es lamentable que no todos los líderes sean ideales. Demasiados lideran siguiendo. Una de las cosas más graciosas en todo el ámbito de las actividades religiosas es ver a un líder inseguro tratando de descubrir la dirección en la que la gente quiere que los lleve y luego trepar delante de ellos tratando de parecerse a Moisés cuando salía de Egipto. Esa clase de líder lanza un globo de prueba y luego se pone audazmente en la dirección del viento, intentando crear —por todos los medios posibles— la impresión de que el viento lo consultó antes de comenzar a soplar.

Si esto le parece fuerte, permítame insistir en lo que está sucediendo, en efecto. Cada ciudad tiene un líder religioso que goza de una amplia reputación como figura eclesiástica prominente, pero —por lo general— ese líder nunca adopta una posición sobre ningún tema relevante antes de leer qué dice la opinión pública al respecto ni antes de asegurarse de que está razonablemente seguro de que se pondrá del lado de la mayoría o, al menos, de la minoría importante. Tal hombre es un asalariado, por lo que será juzgado y tenido como asalariado en el día de Cristo.

Debemos orar para que el Señor nos envíe líderes; y luego, cuando aparezcan, debemos orar por esos líderes.

ACERCA DEL AUTOR

A.W. TOZER (1897-1963) fue un teólogo autodidacta que recibió dos doctorados honorarios y pastoreó varias congregaciones, incluyendo Southside Alliance Church, en Chicago, por 31 años. Es el autor del clásico espiritual *La búsqueda de Dios por el hombre, Mi búsqueda diaria, Los atributos de Dios vol. 1 y 2.* Tozer y su esposa Ada, tuvieron siete hijos, seis varones y una niña.

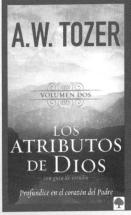

Un hermoso retrato
de la deidad del
Evangelio de Juan

CRISTO
EL HIJO
ETERNO

A. W. Tozer

Ritual religioso versus
la presencia del Cristo
que mora en nosotros

LA
GUERRA DEL
ESPÍRITU

A. W. Tozer

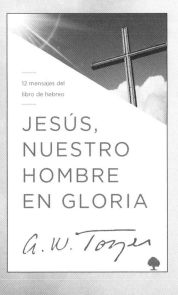

12 mensajes del
libro de hebreo

JESÚS,
NUESTRO
HOMBRE
EN GLORIA

A. W. Tozer

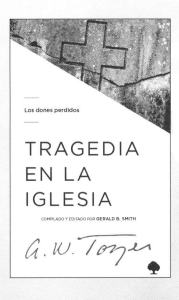

Los dones perdidos

TRAGEDIA
EN LA
IGLESIA

COMPILADO Y EDITADO POR **GERALD B. SMITH**

A. W. Tozer

CASA CREACIÓN

Te invitamos a que visites nuestra página web, donde podrás apreciar la pasión por la publicación de libros y Biblias:

www.casacreacion.com

f @CASACREACION

𝕏 @CASACREACION

📷 @CASACREACION

Para vivir la Palabra